LE

FOYER DE L'OPÉRA.

LE FOYER DE L'OPÉRA.

— MOEURS FASHIONABLES. —

PAR

— H. de Balzac — Léon Gozlan — Pierre Clément —
— Émile Souvestre — E. de Beaumont-Vassy —
— Alphonse Karr — Jules Lecomte —
—Frédéric Soulié—Alphonse Brot—
— Auguste Luchet —
—Michel Masson—

2

PARIS,

HIPPOLYTE SOUVERAIN, ÉDITEUR

de F. Soulié, H. de Balzac, J. Lecomte, A. Brot, L. Gozlan, E. Souvestre.

Rue des Beaux-Arts, 5.

1840

M. LÉON GOZLAN.

COMMENT

ON SE DÉBARRASSE D'UNE MAITRESSE.

I

La foule venait de rentrer dans la salle, le foyer de l'Opéra était désert. Aucun provincial n'était resté pour admirer les arabesques d'or, afin d'en rendre compte à ses amis du département. On allait jouer le dernier acte d'un ballet ; comment perdre la pirouette du dénouement sans perdre à la fois tout l'intérêt des actes précédens ? Chacun donc avait repris sa place, au grand contentement des ouvreuses, empressées de renouer leur dernier sommeil aux trois ou quatre sommeils interrompus de leur soirée. Cette heure avancée est pleine de charmes pour les vrais habitués de l'Opéra ; leur digestion est faite, ils ont rempli leurs oreilles de la ration d'harmonie dont l'usage leur a fait un besoin, et contenté leur regard paresseux d'autant d'entrechats qu'il leur en faut pour rentrer chez eux sans remords. C'est le moment où les conteurs du foyer se groupent, l'hiver, auprès de l'une des deux vastes cheminées pour échanger les nouvelles en circulation depuis la clôture de la Bourse.

Heureux qui apporte une banqueroute inédite ! le succès ou la chûte d'un ouvrage représenté à un autre théâtre ! un changement de ministère ! une déclaration de guerre! A défaut de ces grands événemens, que *le Moniteur* du lendemain ne confirme pas toujours, on se borne à dire beaucoup de mal de M. Duponchel. Il n'y a si fine médisance qui vaille celle qui porte sur le maître de la maison.

Ce soir-là, par extraordinaire, il n'y avait que deux jeunes gens au foyer, après avoir enlevé, pour ainsi dire, l'étain de la glace de la cheminée, à force de la consulter sur le nœud de leurs cravates, la coupe de leurs habits et le choix de leurs gilets; après avoir torturé leurs favoris et mâché leurs moustaches, ils s'étaient laissé aller de tout le poids de leur désœuvrement sur deux fauteuils. Leurs quatre bottes vernies décoraient le garde-feu, et leurs têtes ennuyées s'étaient creusé un trou moelleux dans le dos des fauteuils. Si les lézards avaient des jambes et des bottes vernies, ils ne prendraient pas d'autre attitude. Je ne les blâmerais pas. Il faut, même en ennui, du bon sens et de l'art. Tout le monde ne sait pas s'ennuyer. Uu grand roi était celui qui disait à Cinq-Mars : « Mon mignon, viens avec moi à la croisée, et ennuyons-nous, ennuyons-nous bien ? ».

— Anatole, dit enfin un ennuyé à l'autre, as-tu toujours ton rat ?

—Ma foi non! je l'ai abandonné à son malheureux sort.

— Ah ! tu n'as plus ton rat !

Et après cette haute communication de pensées, les deux amis avaient continué à faire rôtir leurs bottes et à enfoncer un peu plus leurs têtes dans le dos des fauteuils. Ils se reposaient de leur long effort d'esprit.

Au bout d'une demi-heure celui qui n'avait plus son rat, dit à l'autre :

— Et comment se porte ta panthère?

— Je l'ai lâchée.

—Ta parole d'honneur?

— Ma parole d'honneur. Mais dis-moi, pourquoi n'as-tu plus ton rat?

— Figure-toi, répondit Anatole à Stephen, qu'elle s'était mis en tête de danser un pas. C'est leur rage à toutes, tu sais. Je lui avais promis son pas, pour en finir. Ma promesse n'était pas tombée dans l'eau. Quand j'entrais: As-tu songé à mon pas? Quand je sortais : Mon ami, ne va pas oublier mon pas! La prière se changea en persécution. En rêvant elle parlait de son pas. Je veux mon pas! criait-elle ; tout le monde en obtient excepté moi. C'est avilissant. Va trouver Duponchel, va trouver les journalistes, il me faut mon pas ou la mort!

— Quel infernal rat!

— Infernal rat comme tu dis. Enfin je fis mettre dans les journaux : « M^{llc} Florence est trop négligée vraiment; sa place n'est pas dans le corps du ballet ; elle a des droits à se montrer au premier rang, digne émule des Taglioni, des Noblet et des Elssler. » Voilà que l'on commence à me rendre justice, dit-elle effrontément, feignant d'oublier que cet acte de justice me coûtait 600 francs.

—Eh bien! c'était fini.

— Ah! oui, fini. Le maître de ballets

n'a jamais voulu lui composer un pas. Il disait qu'il aimait mieux en créer un pour l'obélisque et les diligences de Laffitte et Caillard. Je lui rapportai la réponse.

— Et comment la prit-elle?

— Fort mal. Nous avons résilié le bail, qui n'était pas emphytéotique, grâce au ciel. Je crois qu'elle a embrassé le notariat. Elle a 500 fr. par mois et les cadeaux.

— Pas forts pour les cadeaux, les notaires. A mon tour je t'apprendrai ce qu'est devenue la panthère.

— C'est ça, Stephen, parlons-en.

— Elle ne me tannait pas pour un pas, elle.

— Elle voulait débuter aux boulevards. M'a-t-elle amusé avec ses tirades de *Richard d'Arlington*, au souper que nous donna Minette ; tu te souviens, Stephen?

—Te voilà au courant. J'avais beau lui dire qu'on ne débute pas à vingt-neuf ans...

— Vingt-neuf ans faits comme trente.

— Oui, mais les femmes ne disent jamais trente ; elles sont comme les marchands de chaufferettes : ils n'en vendraient pas s'ils les mettaient à quarante sous la pièce. Ils les crient toujours à trente-neuf. Je poursuis. Mes avis n'y purent rien. Tous les soirs j'étais obligé d'aller entendre : *Pauvre Mère! Pauvre Fille! Pauvre Frère! Pauvre Oncle!* Au bout du compte il en résulta que son appartement fut le rendez-vous des troupes réunies de la Porte-Saint-Martin, de l'Ambigu, des Folies-Dramatiques, de la Gaieté et de la Porte-Saint-Antoine. Un jour que la panthère était sortie, je monte chez elle; tu connais sa négligence. Pas un tiroir n'était fermé. Au premier que je visite, par désœuvrement, qu'est-ce que je vois?

— Pas de billets de banque.

— Autre chose. Des déclarations d'amour de tous les théâtres des boulevards. Il paraît que c'est l'usage chez ces messieurs du mélodrame. Mon ami, une liasse de protestations galantes; les protecteurs offraient des rendez-vous, des dîners; du reste elle ne pouvait manquer, au bout de quelques mois de leçons, de contracter un superbe engagement avec le directeur de son choix.

— Et tu as cravaché la panthère au retour?

—Mon Dieu non; pas plus que tu n'as tué le rat. Je me suis borné à faire imprimer sa correspondance dramatique avec vignettes et encadremens et la lui ai envoyée en volume.

— Bravo! et tu es libre?

— Comme toi, Anatole.

— Que ne puis-je en dire autant que vous deux, s'écria un survenant en se plaçant dans un troisième fauteuil autour du garde-feu.

— C'est bien facile, imite-nous, Léonard.

— Vous imiter! Et le puis-je? L'affection qu'on me porte est si désintéressée.

— Ah! te voilà bien! Tu crois être aimé pour toi-même. Monsieur est arrivé hier de l'âge d'or. Son habit est encore poudreux.

— Je n'ai jamais voulu être aimé autrement, Anatole.

— Ne dis pas de ces bêtises là, Léonard. Nous ne sommes plus au collége; il y a long-temps que nous avons traduit Ovide. Pour quel motif voudrais-tu être bien-venu d'une femme? Ceux qui ne les indemnisent pas sont des ladres ou des ruinés. La grande honte d'être aimé d'elles en échange des jouissances luxueuses qu'on leur procure. Il y a vraiment de quoi rougir de leur donner 500 francs par mois pour qu'elles soient mieux logées et qu'elles aient une femme de chambre pour les lacer. Est-ce que l'amour du monde se conçoit autrement? Va, grand innocent, il n'y a que les provinciaux qui veulent être aimés pour eux-mêmes, et qui croient qu'avec leur amour on se passe de manchon, de châle et de pierreries. L'amour est un luxe; que celui qui n'a pas de quoi le payer s'en passe.

—Ce que dit Anatole, reprit Stephen

mettant sa jambe gauche sur sa jambe droite après avoir tenu long-temps sa jambe droite sur sa jambe gauche, ne te touche pas le moins du monde, j'en suis sûr, Léonard; car, réponds-nous franchement, combien as-tu dépensé pour cette intéressante femme qui t'aime, bonheur extrême, ô joie suprême, uniquement pour toi-même?

— Rien, presque rien.

— Depuis combien de temps la connais-tu ?

— Depuis six mois.

— Que lui as-tu envoyé au premier de l'an ?

— Un meuble en palissandre.

— De Lesage ?

— Oui, de Lesage.

— Soit, 2,000 francs.

— Et pour sa fête ?

— Une bagatelle. Quelques bronzes pour sa cheminée.

— Cela veut dire une pendule et deux flambeaux. Soit encore 1,500 francs.

— Tu lui envoies un bouquet tous les deux jours?

— Tous les deux ou trois.

— Soit encore 500 francs.

— Tu lui loues une loge chaque fois qu'elle a envie d'aller à l'Opéra. Ajoutons 1,000 fr. Ajoutons aussi les cadeaux à la femme de chambre, car les femmes de chambre nous aiment peu pour nous-mêmes. Cent écus en six mois, ce n'est pas exagérer le chiffre. Total approxima-tif, cavé au plus bas, 5,500 fr. Une femme qui ne t'aurait pas aimé pour toi-même ne t'aurait guère coûté que 5,000 fr. pour le même temps. Tu es refait de 2,300 fr.

L'amour pur et désintéressé vaut cela. Qu'as-tu à répondre?

— Beaucoup. D'abord que je ne donne pas de la main à la main.

— Bien trouvé! La chose est sauvée, parce que tu envoies l'argent directement aux fournisseurs de madame. Cela n'est pas même de la galanterie, c'est de la maladresse; le billet de 1,000 fr. dépensé pour une femme n'a pas, à ses yeux, la valeur d'un billet de 500 fr. qu'elle change elle-même.

— Mais vous tuez la poésie, mes bons amis.

— Non, s'écria Stephen, mais l'hypocrisie. Changeons de propos. Est-ce que l'amourpur t'ennuierait déjà, que tu souhaitais, il n'y a qu'un instant, d'être libre comme nous?

— Loin de là, mais madame, qui redoute le retour très prochain de son mari, m'engage beaucoup à l'accompagner en Italie. J'y serais tout disposé, sans l'horrible peur de vous perdre de vue, mes bons amis, Anatole, Stephen, et encore notre excellent Vaudreuse.

— Parbleu ! nous t'accompagnerons, s'écria Anatole. C'est un voyage de deux mois. Que Stephen dise oui, je dis oui !

— Moi, je dis oui.

— Mes amis, c'est promis.

— C'est juré, Léonard.

— Tous les frais de voyage à mon compte, sinon, non.

— Mais, mon vieux Léonard, tu auras encore 10,000 ou 12,000 fr. à mettre sur le compte de l'amour désintéressé.

— Point de raillerie ; vous me rendez trop heureux. J'emmène avec moi le café de Paris, Tortoni et le foyer de l'Opéra.

— Oui ! réfléchit Stephen ; mais Vaudreuse ?

— Mais Vaudreuse ? répéta Anatole.

— Je m'en charge, répliqua Léonard. Je l'attends à minuit chez moi pour souper. Soyez des nôtres. Nous le déciderons tous ensemble.

—Il n'est pas loin de minuit, remarqua Stephen.

— Eh bien ! partons, dit Léonard. J'ai ma voiture en bas.

Les trois amis quittèrent enfin leurs fauteuils en fredonnant : Salut ! Venise la folle ! Quand chanterons-nous en gondole notre joyeuse barcarolle.

Tandis que la voiture de Léonard entrait dans la rue Pinon, la foule inondait la rue Lepelletier, et les provinciaux rentraient à leurs hôtels du Nord et du Midi, émerveillés de la grâce de M. Montjoie, le plus beau Turc des danseurs ou le plus beau danseur parmi les Turcs.

II

En province et dans beaucoup d'arron-
dissemens de Paris, qui ne sont pas
moins que la province, on s'imagine,
d'après je ne sais quelles fausses induc-
tions, qu'il est du bon ton, chez les jeu-

nes gens riches et lancés, de crever des chevaux, de s'abîmer l'estomac à force de boire du vin de Champagne et de se ruiner la santé en orgies. Ceci n'est pas seulement exagéré, c'est généralement faux. Ces jeunes gens se soignent comme des femmes, déjeûnent légèrement, prennent de l'exercice avec modération, et s'ils se couchent à deux heures après minuit, ils ne se lèvent guère qu'à midi pour rester un quart d'heure au bain et se purifier le corps comme des musulmans. Si l'on n'admet pas cette chasteté selon le monde, comment expliquer l'étiquette de leur santé, la durée de leur jeunesse, le repos de leur teint? Faublas n'est pas leur modèle, car Faublas termine son pèlerinage à dix-huit ans, devinant bien qu'à trente ans il aurait été goutteux, éreinté, incapable de

lutter même avec le marquis de Lignol-
les. Et quel profond contre-sens chez
Louvet de Couvray ! Son Faublas, qu'il
produit comme un homme d'esprit, se
lève toujours de bonne heure et on ne
le voit pas une seule fois se mettre au
bain. Jamais le pédicure ni le dentiste
n'entrent chez lui. On peut gager que ses
ongles étaient limés jusqu'à la chair. Je
ne sais pourquoi j'ai toujours regardé
Faublas comme un type de hasard,
comme une gravure licencieuse, créée
pour irriter les goûts des commis, qui
se figurent que les marquises se nourris-
sent de pâte d'amande.

Léonard n'avait pas un appartement
de roué, et il avait trop d'esprit pour
faire asseoir ses amis sur des roses, ce
qui serait fort incommode, malgré l'au-
torité des anciens. Autant voudrait louer

l'odeur du crin où l'on s'assied, que de vanter les roses comme un doux siège ; chez lui, on s'asseyait sur de jolies chaises en velours vert, et on posait ses pieds sur des tapis moelleux comme quatre pouces de neige. L'appartement qui attendait les trois amis de Léonard était chauffé à un degré délicieux de température : ni trop ni trop peu de clarté, milieu qui n'est pas si indifférent qu'on le pense à l'édification des sens. Un souper est une perle excessivement précieuse ; les ignorans percent la perle, les habiles seuls, et ils sont rares, savent la monter en diadême ; cherchez encore un souper qui ait le sens commun dans Faublas ; triste viveur ! il n'est pas impossible qu'il bût de la bière, ce vin des protestans.

Nous devons encore ajouter que nos jeunes gens n'avaient invité aucune femme à souper, non que ce fût une habitude prise, mais les avoir pour convives n'était pas non plus un engagement de tous les jours. Il est donc légèrement erroné de croire que, dans leur catégorie peu connue, on se fasse verser du chambertin dans des coupes de nacre par des déesses d'opéra. Les déesses d'opéra sont très rangées; leurs maris montent la garde et leurs enfans sont élevés par les frères des écoles chrétiennes.

La seule femme qui se trouvait chez Léonard était une cuisinière, merveille dont il savait le prix, et que s'inquiètent d'avoir tous ces jeunes gens dont on croit avoir poétisé les raffinemens sensuels en les faisant dîner aux Frères-Provençaux; les meilleurs dîners ont lieu chez eux, apprêtés par les mains savoureuses de leurs cuisinières, qui ne leur servent ni des mets ambrés, ni des vins couleur d'or, mais des volailles succulentes, des gigots cuits avec une sagacité mathématique. Pour vins, ils ont du bordeaux d'abord, et du champagne ensuite, vins qui, bus même avec excès, ne grisent que les gens de peu.

Enfin, Vaudreuse entra ; il était minuit un quart.

— A table ! dit Léonard, Marguerite est déjà fâchée du retard. A table !

— Tiens ! dit Anatole, placé en face de Vaudreuse ; comme Vaudreuse a la figure renversée ! est-ce que tu serais fâché de nous trouver ici ?

— Je n'ai rien.

— On n'est jamais plus en colère que lorsqu'on répond ainsi.

— Eh bien! j'ai... J'ai une petite contrariété domestique.

— Ton rat t'a rongé aujourd'hui.

— Vous savez que je n'ai pas de rat, à proprement parler.

— C'est toujours ta pianiste.

— Est-ce qu'elle veut débuter aussi? c'est dans l'air, ma parole d'honneur, dit Stephen, ravivant la peine d'Anatole.

— Plût au ciel qu'elle voulût débuter! elle ne me tyranniserait pas comme elle le fait.

—Et que veut-elle donc?

— Ce qu'elle veut! ce qu'elle veut! elle veut l'impossible.

— On la contentera plus aisément.

—Je voudrais vous voir à ma place. D'abord, elle exige que je sois rentré à onze heures.

— Et que tu te couches à neuf, interrompit Anatole.

— Je te vote un bonnet de coton, ajouta Stephen.

— Continue, dit Léonard à Vaudreuse.

— N'est-ce pas intolérable ? Ensuite, elle exige que je ne joue pas au cercle ?

— C'est de l'inquisition.

— Toute pure.

— Hier elle m'a dit : Vous avez perdu, l'autre soir, cent louis ; l'autre soir encore cent cinquante louis ; il n'est pas de jour où vous ne rentriez sans l'argent que je vous vois prendre dans votre secrétaire : vous n'emporterez plus avec vous que quarante francs.

— Et en gros sous, s'écria Anatole.

— Non, en or, afin qu'il ne change pas, reprit Stephen.

- J'avoue que l'exigence est lourde, ajouta Léonard.

— Et ce n'est pas tout.

— Encore!

— Écoutez!

— Parle, Vaudreuse, cela soulage sur le bordeaux.

— Vous savez que j'ai cessé depuis un an de voir ma mère, tombée dans les excès d'une dévotion insupportable, si insupportable qu'elle m'assommait tous les jours de sermons et n'avait que la faible prétention d'exiger de moi que j'allasse au moins tous les dimanches à la messe, à Notre-Dame-de-Lorette.

— *Avez-vous vu dans Barcelonne !...* chantonna Stephen.

— *Adieu, mon beau navire!* répéta Anatole.

Plus grave, Léonard entonna d'une voix de basse-taille : *Pange lingua.....*

— Or, Ambroisine n'a-t-elle pas projeté de me rapprocher de ma mère, en me disant que j'avais tort de ne pas imposer quelques sacrifices à ma manière de voir; qu'il en coûtait peu de passer une heure à l'église et dans une église charmante, où l'on entend de l'excellente musique et où l'on voit de jolies peintures? Vous devinez comment j'ai accueilli sa proposition.

— Tu lui as répondu :

Accourez tous, venez entendre
Un ami de l'humanité.

— Je lui ai répondu à peu près cela; mais elle a recommencé sa morale le lendemain, le surlendemain, tous les jours. Ces répétitions sont désespérantes.

— Vaudreuse cédera, dit Stephen.

— Il ne cédera pas, riposta Léonard.

— Il cédera, dit à son tour Anatole.

— Je la renverrai à son pensionnat, répondit à son tour Vaudreuse en buvant d'un trait un dixième verre de bordeaux. C'est conclu, c'est arrêté.

— Est ce qu'elle sort du couvent? demanda Stephen.

— A peu près. Je connus Ambroisine chez ma cousine à qui elle donnait des leçons de piano. Elle courait le cachet toute la journée, et le soir elle rentrait dans un pensionnat à la barrière de l'Étoile. Elle me plut, je lui convins, et je la pris avec moi.

— Mauvais système, fit observer Stephen.

— Hélas ! oui, répondit Vaudreuse en soupirant. Croiriez-vous que je l'ai surprise, malgré mes recommandations, malgré le soin que je prends de satisfaire ses moindres désirs, allant encore à ses leçons, et cela, m'a-t-elle répondu, pour ne pas perdre ses élèves!

— Quel genre! s'écria Anatole.

— Ne prend-elle pas du tabac? s'informa Stephen.

— Vous m'approuvez donc d'avoir résisté comme je l'ai fait ce soir, et de lui avoir dit: Je ne rentrerai qu'à trois heures cette nuit, j'irai jouer au cercle ou ailleurs, et vous le trouverez bon.

— Que je t'embrasse, dit Anatole; tu es un homme.

— Mon ami, dit Léonard, ta détermination est une inspiration du ciel. Anatole a quitté son rat, Stephen sa panthère; tu romps avec ton Ambroisine, et tu es des nôtres. Nous partons dans huit jours pour l'Italie.

— Fat qui s'en dédit! s'écria Vaudreuse.: que ce verre de bordeaux me soit du chambertin si je ne vous accompagne pas.

— Messieurs, vous l'avez entendu? dit Léonard.

— Il ne viendra pas, répliqua Anatole.

— Il ne viendra pas, affirma Stephen

— Il viendra, vous dis-je.

— Non, te dis-je, Léonard. Vaudreuse a la tête échauffée en ce moment, tout lui paraît possible : c'est un matamore ; demain il n'osera pas souffler mot devant son Ambroisine. Lui! un brin de paille l'arrête.

— Vous me piquez d'honneur, messieurs. D'ailleurs, à qui ai-je donné le droit de douter de mes engagemens?

— Mon excellent ami, dit Stephen en tendant la main à Vaudreuse, ta parole est sacrée, mais nous ne voulons pas de tes sermens.

— Et moi je m'engage par serment à me débarrasser dès demain de cette ennuyeuse maîtresse. Me croirez-vous maintenant ?

— Elle est bien jolie, Vaudreuse.

— Elle a de l'esprit, nous la connaissons.

Elle t'aime beaucoup, Vaudreuse.

— Elle est rusée.

— Elle a l'avantage de n'avoir aimé que toi.

— Elle te fait de la musique, et tu es passionné pour la musique.

— Vous m'exaspérez ! Vous êtes mes démons, Stephen, Anatole, et toi aussi Léonard. Je vais me fâcher. Assez, messieurs! Quand Vaudreuse a donné sa parole d'honneur, il se croit offensé si toute discussion n'est pas levée.

— En ce cas! à notre bon voyage d'Italie. Au serment de Vaudreuse attachons-en un autre que nous ne trahirons pas davantage, messieurs; jurons de ne plus boire du champagne qu'au pied du Vésuve.

Radouci, Vaudreuse ajouta :

— Je perds mille louis, que vous dépenserez en Italie, si je ne suis pas de votre voyage après avoir rompu avec Ambroisine.

— C'est donc un pari de mille louis, fit observer gravement Léonard.

— Oui, un pari de mille louis, répéta Vaudreuse.

— Nous le tenons, dirent ensemble les trois amis.

III

C'est une bien heureuse disposition d'esprit, celle que procure le jeu quand, après de nombreuses déceptions, il vous surprend par un gain disproportionné avec des pertes si vite oubliées. On revit;

on recouvre la vue ou l'ouïe; on manquait d'air et d'espace, et l'univers se dé-
roule tout à coup sous vos pieds avec
toutes ses richesses, immense paradis où
aucun fruit n'est défendu. Il arrive même
que le cœur est si puissant de l'énergie
de l'imagination, qu'il est si plein jusqu'au bord, qu'il ne sait où pencher.
Avec cet or, cet or divin, voyagera-t-on?
En Italie, en Espagne, en Grèce? Si l'on
faisait le tour du monde? Achètera-t-on
une campagne sur les bords de la Loire,
entre deux bras du fleuve? Si l'on tirait
quelques amis de la misère? Quelle sublime conflagration de désirs s'établit
dans le cerveau à la vue de cet or, rigou-
reux mobile, non-seulement de tous les
plaisirs, mais encore de presque toutes
les vertus. Des imbéciles méprisent l'or,
c'est absolument comme si l'on mépri-

sait le bonheur que l'or représente, et que lui seul à peu près représente. L'or du jeu a une voix, il chante, il vous berce. Grâce à cet or, on touche à tout par les mille rayons du désir et l'on reste suspendu. C'est une espèce de douce, de suave catalepsie; si au moment où on l'éprouve, on ne venait pas vous en tirer, on mourrait peut-être dans cette extase que les saints et les joueurs seuls connaissent. Mais le monde ne manque jamais de ces sortes d'appels. Une lampe de fête luit quelque part, un souvenir revient, un ami passe, on touche un sens, il s'éveille, il éveille les autres, et l'on est devenu homme.

Vaudreuse goûtait la satisfaction céleste du gain avec plénitude, au moment où un domestique du cercle lui remit un billet dont l'écriture lui était parfaitement connue. Avant de se retirer dans un coin du salon pour en lire le contenu, il fourra dans ses poches l'or et le tas de billets de banque amoncelés devant lui par la marée de la fortune. Que me veut encore Ambroisine? Qu'est-ce que cela signifie de m'écrire à cette heure-ci? Voyons.

Stephen, Anatole et Léonard, avaient deviné sans peine de qui pouvait-être ce billet importun écrit à Vaudreuse. Ils se concertèrent et ne perdirent pas un mouvement de leur ami. Bref, dans sa rapide rédaction, le billet fut parcouru d'un regard. Après l'avoir lu, Vaudreuse le froissa comme si ce n'eût été qu'un billet de banque; il chercha ensuite avec la vivacité d'un homme pressé de sortir, sa canne et son chapeau. Pendant qu'un valet de pied lui jetait le manteau sur les épaules, il appela ses trois amis ; avec la joie la plus expansive, il leur dit :

—Je vous rappelle, mes amis, que c'est à dater d'aujourd'hui que commencent les huit jours au bout desquels j'ai pro-mis d'avoir rompu avec Ambroisine et de monter avec vous en chaise de poste pour l'Italie.

Vaudreuse sortit.

—C'est lui maintenant qui se méfie de nous, dit Stephen. Voilà de l'original.

—Augurons bien de sa fermeté, ajouta Léonard.

—Ce n'est pas de la fermeté, c'est de la fanfaronnade : augurons mal....

Comme il n'était que deux heures et demie, les trois amis allèrent de nouveau s'asseoir à une table de jeu.

IV

En entrant dans son appartement, Vaudreuse affecta un air délibéré dont Ambroisine ne s'effaroucha guère, quoique son cœur battît fort. D'un ton de persifflage, il débuta par dire, en se débarrassant de son manteau et en lançant ses gants sur un fauteuil :

— Ma foi ! vos 40 francs, ma chère amie, m'ont porté bonheur, probablement vous les aviez fait bénir. Voyez, avec ces 40 francs, j'ai gagné plus de 20,000 francs. La caisse d'épargnes, par vous si prônée, ne rapporte pas cela en un an. Je ne vous mens pas, regardez. M'en voulez-vous encore d'avoir joué ? Ne me grondez pas davantage de n'être pas rentré précisément à onze heures ; car c'est de onze heures à deux heures que la fortune m'a visité. C'est l'usage, elle arrive quand on s'en va.

A propos, ajouta Vaudreuse, s'apercevant que sa raillerie s'émoussait contre la dignité glaciale d'Ambroisine ; à propos, vous venez de m'envoyer un billet assez étrange, assez déplacé. Cette liberté

est d'un détestable goût. Puisque je n'é-
tais pas rentré à onze heures, c'est que
je ne le pouvais pas, c'est que je ne le
voulais pas.

Vous me dites encore, je crois, que,
lassée de ma conduite, vous voulez rompre sur-le-champ avec moi; je trouve la
résolution assez bizarre, vu l'heure de la
nuit, mais je ne m'y oppose pas cependant. Nous nous séparerons aux flambeaux, à moins que vous n'ayiez voulu
faire une plaisanterie, ajouta Vaudreuse,
s'arrêtant fièrement sur le terrain où il
avait si fièrement paradé jusque-là.

—Je n'ai voulu faire aucune plaisanterie, répondit Ambroisine. Vous avez pu
remarquer un fiacre qui attend à la porte,
et voilà mes paquets tous prêts à être
emportés, Il n'eut pas été convenable de
m'en aller avec les apparences d'une

fuite. Je vous appartiens un peu tant que je suis ici, ajouta Ambroisine avec un accent de fierté paisible, et vous avez le droit de vous assurer que je n'emporte rien à vous.

— La délicatesse est vraiment excessive, répondit Vaudreuil, un peu ému intérieurement de voir que la détermination d'Ambroisine n'était ni feinte ni calculée ; j'aime mieux pourtant vous avoir vue encore une fois avant notre séparation. Je dois vous remercier de cette attention.

Vaudreuse ne persifflait plus ; quoique grand pourfendeur de sentimens avec ses camarades du café de Paris, il était infiniment moins bravache en face d'Ambroisine, c'est-à-dire en présence d'une affection vraie. Il l'avait aimée, il l'aimait encore beaucoup, malgré ses maximes d'indépendance. Le sabreur rentrait dans la discipline une fois chez lui.

Vaudreuse qui s'oubliait si facilement en beaucoup d'endroits, n'eût pas osé déplacer un tableau de son appartement, sans permission ; lui qui jouait du bout de sa cravache avec les fleurs portées par certaines dames, dans certaines réunions ne se fut pas permis, même en plaisantant, de toucher à la coiffure d'Ambroisine.

C'est qu'il n'est pas indifférent de dire que Vaudreuse n'avait pas emporté Ambroisine sous son bras par une nuit de bal masqué aux Variétés ou à Musard. Il ne l'avait prise à personne ; il n'avait pas renchéri pour l'avoir. Au milieu de ses mauvaises amours, une passion sincère l'avait surpris et pour ainsi dire désheuré. De là son embarras extrême de se conduire

avec sa liberté ordinaire, une fois chargé
de l'existence d'Ambroisine, qui, lorsqu'elle s'était déjà donnée à son amant,
n'avait pas cru faire beaucoup plus de
mal en se logeant chez lui. Déception
pour tous deux : elle s'était imaginé con-
quérir les droits légitimes d'une femme
en habitant avec Vaudreuse, et Vaudreuse
avait cru la façonner en peu de temps à
la vie des bohémiennes charmantes dont
il s'amusait pendant quelques mois,
pour les quitter sans regret, ainsi que
cela se pratique. Vaudreuse fut vaincu.
Il y avait trop d'amour et d'une certaine
ingénuité chez Ambroisine, pour qu'elle
échangeât ses prétentions bien arrêtées
contre l'éventualité brillante de maîtresse aux enchères. De jour en jour son
caractère s'était développé, au grand
étonnement de Vaudreuse, enchaîné

peu à peu, après avoir vécu sur la facile idée de reprendre son indépendance à l'heure de son caprice. Il arriva même que la répugnance d'Ambroisine à le suivre dans les sociétés habituelles où il allait, fut pour Vaudreuse une considération nouvelle de ne pas la traiter avec cette familiarité dont on s'arme plus tard pour dire aux dames de la spécialité de prendre leur congé et leur cachemire. Avec les amis de Vaudreuse, elle s'était toujours observée, ne permettant à aucun d'eux de compter sur le bénéfice d'une de ces brouilleries si fréquentes dans ces sortes de mariages trimestriels, pour lui offrir, le lendemain, souvent le jour même, la vacance d'un cœur et celle d'un mobilier ; car il est établi dans les mœurs si imparfaitement esquissées dans cette histoire, qu'un ami du détenteur qui résilie, doit prendre la place du détenteur; et cela sans violence, sans provocation à duels, sans haine, sans froideur même. Et s'ils se rencontrent le lendemain dans les couloirs de l'Opéra, le dépossédé volontaire dira à l'acquéreur promu : « Madame se porte-t-elle bien? bien des choses de ma part, je vous prie. » A quoi l'autre répond : « Je ne manquerai pas. » De leur côté, ces dames ne méprisent jamais aucun des amans qu'elles ont eus ; en face du dernier possesseur, elles parleront des qualités particulières de ceux qui l'ont précédé; et aucune réflexion blessante , aucune expression de grossièreté jalouse, n'arrêtera la parole sur les lèvres de l'indiscrète panégyriste.

Ambroisine n'était pas cela, et Vaudreuse s'en était autant félicité qu'amèrement plaint, selon les circonstances. Quel parti prendre? en était-il venu à se demander, depuis qu'il avait éprouvé la gêne tyrannique dont il avait tracé un si touchant tableau au souper de Léonard, en présence de Stephen et d'Anatole.

— Il est tout pris, lui aurait répondu un de ses trois amis : puisqu'elle veut sortir, ouvre-lui la porte.

La porte était ouverte, le fiacre attendait dans la rue, les paquets étaient entassés sur les fauteuils; Ambroisine, enveloppée dans son manteau, n'avait certes pas la pensée de jouer la séparation; sa femme de chambre était accoudée sur un carton, et pourtant Vaudreuse ne prenait pas congé d'Ambroisine.

Après une heure passée à suivre les allées et les venues insignifiantes de

Vaudreuse, Ambroisine se leva, s'approcha de son amant, et dégageant son bras de dessous son manteau, elle lui tendit sa petite main gantée.

— Adieu, monsieur.

— Vous partez donc, Ambroisine?

— Je crois qu'il est temps. Vous n'avez plus rien à me dire ?

— Où allez-vous si tard? il est près de trois heures et demie.

— Je vais chez ma cousine; elle est prévenue.

— Ah ! elle est prévenue.

Vaudreuse alla à son secrétaire, l'ouvrit pour rien, et le ferma pour le même motif.

— Alors, adieu, madame.

Ambroisine fit un pas vers la porte, sa femme de chambre était déjà sur le palier.

— Mais il me semble, dit Vaudreuse , que vous ne m'avez pas fait appeler seulement pour assister à votre départ?

— Et pour vous assurer, répondit Ambroisine, que je n'emportais avec moi, dans la précipitation de mon déménagement, aucun objet à vous.

— Précisément, dit Vaudreuse, j'aperçois sur cette table un service à thé qui vous appartient. Julie, prenez cela.

La femme de chambre obéit, et le service à thé en vermeil fut enfermé dans un des cartons que le fiacre attendait.

— Mais ce n'est pas tout, reprit Vaudreuse ; j'ai à vous une foule d'autres choses.

— Je n'aurais jamais osé vous les réclamer.

— Et moi, madame, je tiens à vous les rendre. Accordez-moi quelques minutes.

Après un peu d'hésitation, Ambroisine s'assit au bord d'un fauteuil, mais sans dénouer même son chapeau.

— Vous avez quelque droit, j'imagine, reprit Vaudreuse, sur ces porcelaines du Japon. Elles furent données autant à vous qu'à moi par notre ami commun, le capitaine Black, de Baltimore. Gardez le cabaret tout entier, Ambroisine, pour peu que vous le souhaitiez.

— Non, monsieur, je ne veux pas de vos largesses.

— Parbleu ! nous le partagerons, puisqu'il en est ainsi. Aussi bien, aucune de ces douze tasses n'est semblable à l'autre, A vous six, à moi six. A qui le sucrier ?

— A vous, monsieur.

— Alors à vous, madame, le plateau de laque. Et j'y songe, la chaîne de ma montre vous appartient. Prenez ! prenez !

— Mais la montre est à vous, monsieur.

— Vous voulez donc me la rendre ?
Soit !

Vaudreuse mit tant de dépit à séparer la chaîne de la montre qu'il eût l'air, en détachant le dernier anneau, de le briser avec colère.

Avec sang-froid Ambroisine prit la chaîne, et dit, en la déposant sur le marbre de la table :

— Je ne l'accepte plus ; vous la regrettez trop.

— Je fais si peu de cas de tout cela, s'écria Vaudreuse, que je suis tenté de jeter cette montre par la croisée.

Ambroisine ne s'étant pas opposée au mouvement de Vaudreuse, celui-ci tint, par point d'honneur, à réaliser sa menace. Il ouvrit la croisée et lança la montre dans la rue.

Loin de manifester de la surprise, Ambroisine prit la chaîne et la jeta tranquillement par la fenêtre.— Ainsi, dit-elle, si la même personne trouve les deux objets, la montre lui dira l'heure à laquelle elle a ramassé la chaîne,

— J'espère, dit Vaudreuse après quelques minutes données à concentrer sa colère, si bien domptée par Ambroisine j'espère que nous n'aurons pas de dispute pour le partage des tableaux qui sont ici, à moins que vous n'ayez l'intention de mettre les passans dans leurs meubles.

—Je ne serais pas fâchée, j'en conviens, répondit Ambroisine, de ne pas me séparer de deux ou trois paysages que je m'étais habituée à regarder comme étant à moi.

—Prenez, Ambroisine, choisissez.

—Julie, dit Ambroisine à sa femme de

chambre, décrochez ces deux tableaux ,
et posez-les soigneusement sur les cartons.

—Quoi ! s'écria Vaudreuse, vous m'em-
portez cette vue de l'Auvergne !

— Vous me laissez le choix, monsieur.

— Mais c'est un souvenir de famille; le
château que cette peinture reproduit
avec tant de fidélité est celui de ma sœur.

— J'affectionne singulièrement cette
peinture, monsieur.

—J'ai couru dans ce parc, j'ai joué
sous ces arbres, autour de ces bassins.

—Il est d'une excellente couleur, et je
serais désolée de ne plus le voir, répondit Ambroisine.

—Votre envie, s'écria Vaudreuse, n'est
que de l'ironie, de l'injustice; vous le
retenez pour me faire de la peine. Eh
bien! je me vengerai de la même ma-

nière. Vous avez oublié de réclamer ce pastel du xviii° siècle, ce Greuze qui est tout votre portrait; eh bien! vous ne l'aurez pas ; non ! vous ne l'aurez pas, quoique ce soit votre portrait.

— Faut-il l'emporter, madame? demanda la femme de chambre, montrant assez par sa question qu'elle ne regardait pas le moins du monde comme un droit sérieux celui de Vaudreuse.

— Laissez cela, Julie, et arrangez-moi mon manteau. Nous allons dire adieu à M. Vaudreuse.

Ambroisine se levait pour partir, quand on entendit gratter derrière la porte de la chambre à coucher.

— C'est Edith, ma levrette, s'écria Ambroisine, et je la réclame. Elle ne sera pas oubliée comme mon portrait.

— Et moi je la veux aussi, répartit vivement Vaudreuse.Elle restera ici où elle a été élevée.

— Elle me suivra, car c'est moi qu'elle aime le mieux. Pauvre petite chienne ! penseriez-vous jamais à lui donner du lait le matin ?

— Je prendrai, madame, un domestique qui en aura soin ; un groom exprès pour elle. N'ayez donc nul souci.

—Après tout, répliqua Ambroisine, Edith est à moi ; c'est une tyrannie grossière de m'empêcher de l'emporter.

—Ne vous mettez pas si fort en colère, madame, je vais lui ouvrir la porte ; quand elle sera libre, nous verrons avec qui de nous deux elle voudra rester.Son choix décidera entre nous.

— Essayez, monsieur, faites !

La femme de chambre ouvrit la porte à la petite levrette, qui se trouva aussitôt placée dans l'alternative de suivre sa maîtresse, qui la regardait à un bout de l'appartement, ou de demeurer avec Vaudreuse, qui avait aussi fixé ses yeux sur elle.

Une double, une égale affection la scella à la même place, caressant Ambroisine d'un mouvement de tête, accompagné de tendres petits aboiemens, et flattant son maître d'un frétillement de sa petite queue émue. La pauvre Edith s'épuisait en contorsions, en une foule de petites fêtes, qui, en vérité, semblaient dire qu'elle comprenait le jugement qu'on attendait d'elle.

Un instant, elle parut se décider pour Vaudreuse ; elle avança un peu vers lui.

— Ah ! vous agissez de ruse, s'écria

alors Ambroisine; pourquoi remuez-vous les doigts ?

— Je ne remue pas les doigts, C'est vous qui séduisez Edith. Voyez! au son de votre voix, elle a couru vers vous. Pourquoi avez-vous parlé?

—Moi, j'ai parlé! mais je n'ai rien dit.

En effet, en entendant parler sa maîtresse, Edith avait rebroussé chemin et rétrogradé de son côté.

Cependant, lorsque la levrette se retrouva au même point, une seconde fois, à égale distance d'Ambroisine et de Vaudreuse, elle demeura suspendue entre sa double volonté, et de fatigue enfin, elle se coucha sur ses jolies petites pattes satinées et elle s'endormit.

— Raisonnablement, dit Vaudreuse, puisque Edith n'a pas voulu prendre un parti, nous ne pouvons pas la couper en deux.

— Il ne sera pas dit, répartit Ambroisine, que vous l'aurez emporté sur moi. J'attendrai qu'Edith s'éveille pour voir si une seconde épreuve me sera plus favorable.

— En ce cas, dit Vaudreuse, j'attendrai aussi.

— Faut-il déshabiller madame, demanda l'espiègle femme de chambre.

— Non, je passerai le reste de la nuit dans ce fauteuil ; avancez-moi seulement un tabouret.

— Pour moi, je dormirai fort bien sur ce canapé.

— A votre aise ; bonsoir, monsieur.

— Bonne nuit, madame !

Grâce à l'incident d'Edith, Ambroisine, dépitée, consentit à différer sa rupture jusqu'au matin. Elle ferma les yeux.

Vaudreuse fit semblant de dormir, et Julie, après avoir congédié le cocher, remonta au salon et se coucha sur le tapis.

V

Le jour tarda un peu à paraître ; en hiver, l'aurore n'a pas constamment les doigts de rose ; ce ne fut que vers neuf heures que la femme de chambre s'aperçut, en s'éveillant, que Vaudreuse et

Ambroisine n'occupaient plus leur place respective, l'un sur le canapé, l'autre dans le fauteuil. Tous deux avaient probablement pensé qu'on était aussi bien au lit pour bouder ; et dès que les lampes s'étaient éteintes au salon, ils avaient, à tâtons, regagné leur alcôve respective ; en sorte qu'Edith seule était restée sur le champ de bataille où avait eu lieu la fameuse explication de la soirée.

Puissance neutre, Julie, à tous hasards, prépara le lait et le thé pour ses maîtres, et lorsque l'aiguille marqua dix heures, elle se présenta à la porte de la chambre de madame, ainsi qu'à celle de monsieur, pour leur annoncer, selon l'usage, que le thé les attendait.

Plus forte que leur rancune, l'habitude les réunit l'un et l'autre autour de la théière, Ambroisine, dans un élégant peignoir de flanelle anglaise, Vaudreuse dans une somptueuse robe de chambre.

En gens bien élevés, ils évitèrent de revenir sur les motifs de leur rupture, fait arrêté, près de s'accomplir; ils avaient même trop de dignité pour laisser paraître quelque regret de leur action. On eut les mêmes égards réciproques, les mêmes attentions qu'autrefois dans cette première entrevue matinale. Seulement Vaudreuse, qui s'était accoutumé à savourer sa tasse de thé au son d'un morceau exécuté sur le piano par Ambroisine, attendit inutilement ce délicieux accessoire. Ambroisine resta à sa place; Vaudreuse n'eut pas de musique. Aussi lui fut-il impossible de prendre sa tasse de thé. Six fois il la porta à ses lèvres, et six fois il la remit plus froide devant lui. Terrible esclavage que l'habitude ! pensa-t-il; mauvais pli de prendre du thé en musique. C'est une habitude à perdre; je la perdrai. Et il ajouta mentalement :

— On dit que Napoléon resta trois jours sans priser, faute de tabac, pendant la campagne de Russie. Fameux exemple d'habitude domptée. Je me dompterai.

Pourtant Vaudreuse ne toucha pas à la tasse de thé, et il passa en soupirant le long du piano muet.

Comme Ambroisine se levait aussi, on sonna. Julie allait ouvrir. Vaudreuse arrêta la femme de chambre par le bras, et alors une petite comédie soudaine et muette se passa entre ces trois personnages sous le retentissement métallique de la sonnette. Le visage de Vaudreuse indiquait une lutte acharnée entre ses désirs et son amour-propre; celui d'Ambroisine, un calme triomphant. Julie même avait son rôle dans cette scène d'une finesse exquise, complètement énigmatique pour un observateur étranger aux mœurs dorées de Paris. Au moment où l'on avait sonné, elle avait couru à la porte avec une précipitation peu généreuse pour son maître ou pour celui qui n'avait pas encore absolument cessé de l'être. Cependant elle n'avait pas ouvert. Le fil qui l'avait retenue dans son vol ne se voyait pas, quoiqu'il se prolongeât jusqu'à la main, désintéressée en apparence, d'Ambroisine.

C'est que dans l'arche où Vaudreuse avait enfermé, deux à deux, toutes les voluptés douces d'une situation enviée, il avait aussi, par mégarde, laissé entrer le créancier. Et le créancier, qui vit partout comme le vautour, avait flotté sur les plus belles mers avec lui. Une chose excusait Vaudreuse, c'est qu'il devait beaucoup ; et ses dettes n'étaient pas ignominieuses ; il n'était pas l'ignoble objet des persécutions d'un tailleur Bavarois ou d'un bottier Westphalien, ces honteux créanciers classiques, bons tout au plus au théâtre, ce ramassis de vieilles mœurs. Ses créanciers étaient d'une espèce plus distinguée. Ce sont de ceux qui sonnent fort, entrent chez leurs débiteurs à toute heure ; parlent rarement de leurs droits ou de leurs titres : c'est là l'affaire de leur avoué. Ils sont allés au collège avec leurs débiteurs ; ils ont doublé leur rhétorique ensemble ; il se tutoient ; et le jour ou ils savent que leur ami doit être arrêté par leur fait, ils lui envoient un avertissement. Amis charmans ! Vaudreuse en avait beaucoup, et parfaitement inconnus les uns aux autres, quoiqu'ils se rencontrassent souvent chez lui. L'un fumait dans ses pipes d'ambre, l'autre jouait avec ses armes orientales. Celui-ci lui volait ses journaux; celui-là disait des douceurs à Ambroisine tandis qu'on la coiffait. Et en somme, c'était toujours elle qui parvenait à en débarrasser Vaudreuse, l'homme le plus inhabile à trouver la phrase avec laquelle on les congédie pour trois ou quatre jours; phrase d'or, phrase sublime, autrement belle que : «Madame se meurt! Madame est morte! »

Or, Vaudreuse pressentit à ce coup de sonnette que c'était un des visiteurs dont nous venons de parler ; et il n'osait pas prier Ambroisine de se charger de la réception et des frais du dialogue, tandis qu'il s'en irait par une porte de sortie.

Lui demander ce service, c'était reconnaître l'indispensabilité d'une femme
dont il avait accepté la séparation, il
y avait tout au plus l'espace d'une nuit.
Pénible situation ! plus pénible que celle
de prendre du thé sans musique ; car,
pour se déshabituer du thé, on peut être
seul ; et pour se déshabituer d'un créancier, il faut être au moins deux à le
vouloir.

—Ouvrez, dit Ambroisine à Julie ; c'est
M. Janvier. Je le recevrai dans ma chambre.

Vaudreuse respira ; il passa dans la
sienne, s'y renferma, et, en se mettant au
bain, ce qui le consola de n'avoir pas
pris du thé, il ne put s'empêcher de dire :
— Il n'y a qu'Ambroisine pour recevoir
ces gens-là.

C'est au bain que Vaudreuse lisait ordinairement ses lettres et ses journaux, et qu'il recevait ordinairement ses meilleurs amis, autre excentricité de la vie raffinée de Paris. Tel Richelieu du quartier d'Antin, soigneux dans sa tenue, réservé dans son langage au milieu du monde, ne voit aucune inconvenance à réunir autour de sa baignoire ses fournisseurs, et même les marchandes à la toilette, dont l'âge, il est vrai, n'est souvent pas la seule raison qu'elles aient pour subir cette licence. Je ne sais pas si les Orientaux vont plus loin. Quoi qu'il en soit, il arrive un moment, dans ces sortes d'ablutions libres, où l'on voit flotter à la surface de l'eau *le Siècle* et *le Corsaire, le Charivari* et le *Vert-Vert*, des factures acquittées, des cigares de la Havane et des loges de spectacle.

Une petite porte, connue des intimes,

s'ouvrit, et Anatole, le cigare aux lèvres et une petite boîte sous le bras, entra dans la chambre de Vaudreuse.

— Je suis heureux de te rencontrer, dit Anatole.

—Mais qu'as-tu donc dans cette boîte?

—Je viens exprès pour te l'apprendre. C'est une charge que nous allons faire aux Napolitains.

Après avoir ouvert la boîte, Anatole en tira un habit jaune avec des boutons d'acier et un collet en velours vert.

— Qu'est-ce que cette plaisanterie? Anatole.

— Ce n'est que le commencement d'une plaisanterie, mon cher Vaudreuse. Écoute : tu sais qu'à tort ou à raison, toi, Stephen, Léonard et moi, nous passons pour ne pas être étrangers aux mou-

vemens de la mode. Paris nous reconnaît
et Londres nous imite.

—Tu viens de faire un alexandrin.

—C'est sans préméditation. Encore un
peu de patience. Notre renommée nous
aura devancés à Naples, où Léonard vient
d'écrire pour qu'on nous retienne un
confortable appartement rue de Tolède.

—Il n'y a que cette rue à Naples; il
faut que les habitans l'aient volée.

—Ne m'interromps pas. Nous arrivons
à Naples, et l'on s'empresse de venir savoir de nous quelle est la dernière mode
qui fait loi à Paris.

— Je commence à comprendre.

— Alors tu devines que nos quatre
habits jaunes, le tien porté au théâtre,
les deux autres dans les salons, le mien
sur une promenade publique, consacrent
la conquête. Dix jours après, la meil-

leure société de Naples ne porte que des habits serins.

— Oui, jusqu'au moment ou le *Journal des Modes* donne un démenti qui nous vaudra des coups d'épée.

— On a prévu la parade. On aura un numéro du *Journal des Modes*, tiré à mille exemplaires, qui seront distribués en Italie, quelques-uns à Naples, où l'on dira que personne à Paris n'ose plus se montrer autrement costumé que nous. La gravure y sera jointe. J'espère que la comédie sera complète.

— Complète, répéta Vaudreuse en sortant du bain.

— Tu ne sais peut-être pas, dit Anatole en essayant l'habit jaune à Vaudreuse, qu'on a sous-parié avec nous que tu nous ferais long feu, que tu ne nous suivrais pas en Italie.

— Plaisante obstination! s'écria Vaudreuse.

— Si extraordinairement plaisante en
effet, mon cher Vaudreuse, que tous
trois nous avons parié contre trois autres
camarades des sommes assez rondes.
Sûrs de perdre avec toi, nous avons parié
2,000 fr. chacun que nous comptions au
moins autant sur toi que sur nous. Nous
jouons à coup sûr.

— Réellement vous ne courez pas de
grands risques. Une explication fort sérieuse a eu lieu entre Ambroisine et
moi, hier, dans la nuit, après vous avoir
laissés au cercle.

— Ce petit billet...

— Précisément.

— Eh bien?

— Eh bien! c'est fini. Il était trop tard
pour qu'elle s'en allât dans la nuit; mais

à trois heures elle ne sera plus ici. Ses malles sont faites.

— Vraiment! Voilà pourquoi je te trouve un peu triste : cela se conçoit. C'est un mauvais pas; mais il est franchi. Tu es libre.

— Oui, libre! comme tu dis.

Vaudreuse étouffa un soupir en s'enveloppant dans son peignoir et en s'accroupissant au fond d'un fauteuil.

Il se fit un moment de silence entre les deux amis; ils purent entendre alors les bruits de la pièce voisine. C'étaient des pas multipliés, des fauteuils qui roulaient sur le tapis, des cordes qu'on nouait.

A un frémissement harmonieux, Vaudreuse passa soucieusement sa main sur son front et la laissa couler le long de ses fines moustaches.

Il ne put s'empêcher de dire :

— C'est le piano qu'on emporte. Tu vois que c'est fini. Un excellent instrument, ajouta-t-il.

— N'est-ce que l'instrument que tu regrettes, mon ami? Écoute-moi, Vaudreuse, la chaîne n'est pas encore brisée.

— Quelle idée as-tu là?

— Veux-tu m'en croire?

— Parle, Anatole.

— Souffre que je ne te quitte pas de toute la journée.

— Aurais-tu peur, Anatole, de perdre ton pari?

— Ou si tu aimes mieux, Vaùdreuse, de le gagner avec ceux qui ont parié contre moi, qui ai soutenu ton inébranlable fermeté.

— Je n'accepte pas ta proposition. J'ai promis de vaincre seul, sans le secours de personne. D'ailleurs tu te méprends sur la situation de mon esprit. Je suis homme d'habitude et non de passion romanesque. A sa dernière minute, ce départ me préoccupe, mais il ne me désespère pas. Elle part, et je vais sortir. Nous nous entreverrons à peine. Je suis si peu ébranlé, que je ne veux pas profiter des sept jours que les termes de notre pari m'accordent. Dès ce soir, je me mets à votre disposition; et dès demain, si vous êtes en mesure, je monte en chaise de poste pour l'Italie. Voilà ce que je vous confirmerai ce soir à table; car je vous invite tous les trois à souper. Charge-toi, Anatole, de communiquer l'invitation à Stephen et à Léonard.

— Compte sur nous pour ce soir, Vaudreuse. Adieu! à ce soir.

— Adieu, Anatole. A propos, achète-moi un water-proof pour le voyage, si tu traverses le passage de l'Opéra.

— Tu l'auras ce soir, Vaudreuse. Adieu.

VI

Quel délicieux musée qu'un cabinet de toilette! Quelle satisfaction n'éprouve-t-on pas à contempler en détail ces utiles frivolités de la vie civilisée! C'est à émerveiller le regard que ces lames d'acier forgées par l'Angleterre, cette reine du monde et bien plus encore de la propreté; que ces limes inventées pour donner aux ongles une coupe ovale, suavement voûtée comme la nacre; que ces brosses rudes et douces qui vont chercher un atôme dans les linéamens de la peau; que ces fers calculés avec une adresse infinie pour isoler les dents, comme autant de perles, et les enchâsser autour du diadême de la bouche. Pourquoi la mémoire n'est-elle pas reconnaissante envers ces Lavoisiers modestes, créateurs de neiges odorantes, qui attendrissent les chairs, éclaircissent le teint, et font de l'homme, ce cadavre vivant, un jardin embaumé, une peinture flamande, une créature souple, heureuse à voir, belle sous le soleil. Après la prière et l'amour, rien n'est digne de l'homme comme les soins qu'il se donne; si le corps est le vase de l'âme, il faut que ce vase soit d'albâtre et que des nuages de parfum l'embaument.

Vaudreuse était un fidèle de cette religion limpide et salutaire, qui ne reconnaît pas pour siens les hommes dont la propreté se borne à se laver les mains et à s'imbiber d'eau de Cologne.

Il commença par mettre des bottes neuves vernies; il essaya du moins, car son pied ne fut pas à demi chaussé qu'il sentit l'absence de celle sur qui il avait l'habitude de s'appuyer en se livrant à cet exercice. Faute de ce soutien, Vaudreuse chancela, devint rouge, pesta, heurta le mur du bout de la botte, et ne parvint enfin qu'avec douleur et rage à se botter. Ce contre-temps l'aigrit au-delà de toute expression. Un autre l'at-

tendait. Vint le tour de la chemise ; laby-
rinthe de plis où ne s'installe pas qui
veut; car si les gens grossiers se passent
la chemise, il n'y a que les gens distin-
gués qui savent la mettre. La première
fut froissée, — jetée au sale; la seconde
déchirée aux entournures, — jetée au
sale; enfin la troisième sembla un peu
mieux s'ajuster; mais quelles irritations
nerveuses pour la boutonner sans tourmenter le jabot.

— Oh! Ambroisine! Ambroisine! s'é-
cria-t-il en frappant du pied. Il n'y a
qu'elle pour toucher à la mousseline
sans la faner.

De découragement, Vaudreuse se mit
à regarder à travers les carreaux ce qui
se passait dans la rue. Triste aspect! des
brancards sur lesquels étaient les meubles d'Ambroisine stationnaient dans la

neige qui couvrait le pavé. Il neigeait même beaucoup dans ce moment, et des ondées blanches couraient sur les riches albums, sur l'ébène des tables et la dorure des tableaux. De beaux chenets ciselés étaient en équilibre sur la borne du coin; on avait déposé, sur le matelas du marchand de marrons, une admirable pendule. Les larmes en vinrent aux yeux de Vaudreuse, obligé de chercher une autre distraction à son profond mécontentement.

Coiffons-nous, se dit-il; il est déjà bien tard. Il se mit devant sa glace, prit un peigne et distribua ses cheveux, comme il en avait l'habitude, en deux sections. Un obstacle l'attendait au plus beau de son œuvre : la raie, cette difficile raie, pierre philosophale de la coiffure pour ceux qui n'ont pas long-temps exercé leur adresse. Impossible à Vaudreuse de tracer cette raie; d'autant plus impossible qu'il avait toujours eu recours à l'élégante patience d'Ambroisine pour la dessiner sur sa tête. Plus il s'impatientait, plus il brouillait ses cheveux, extraordinairement loin de former la raie. La colère l'étouffa : il brisa le peigne et il ébouriffa, de ses deux mains irritées, sa revêche chevelure. Eh bien! s'écria-t-il, je changerai la manière de me coiffer. A la suite de cette héroïque résolution, il abattit ses cheveux en masse et les lissa.

A présent, dit-il avec une aigre ironie, j'ai l'air d'un chasseur de bonne maison. Je puis me présenter dans le monde.

Voyons si je serai plus heureux à nouer ma cravate.

On a écrit un beau livre sur l'art de

mettre sa cravate; l'auteur y donne d'admirables préceptes; mais pourquoi, au lieu de préceptes, ne donne-t-il pas un domestique, un ami, quelqu'un qui sache entourer le cou de ce tissu, frise élégante du monument de la toilette.

Vaudreuse portait supérieurement ses cravates, mais jamais il n'avait su les nouer. On devine celle qui prenait cette peine pour lui.

Cependant il tenta de résoudre la difficulté. Le résultat fut, après des essais plus malheureux les uns que les autres, qu'il faillit s'étrangler, tant, dans son désespoir, il serra la dernière cravate autour de son cou.

Malgré lui, sans que sa volonté y fût pour quelque chose, il se prit à appeler: Ambroisine! Ambroisine! Ambroisine!

— Me voilà! me voilà! répondit une voix charmante. Qu'y a-t-il?

— Une dernière complaisance, mon amie. Nouez-moi ma cravatte!

— Volontiers. Mettez-vous là.

Et debout devant Vaudreuse, Ambroisine se disposa à lui arranger la cravate; tâche délicate pendant laquelle ses beaux cheveux châtains effleuraient les lèvres du jeune homme.

— Elle est vraiment adroite comme une fée, pensait-il. Je ne sens pas ses doigts. Jamais personne ne la remplacera. C'est un oiseau.

Singulier désir, Vaudreuse eût souhaité qu'Ambroisine se fût trompée, qu'elle n'eût pas tout de suite réussi, pour avoir le plaisir de l'avoir plus long-temps ainsi sous les yeux.

Et en effet, Ambroisine s'était trompée; le nœud ne vint pas à la première fois. Elle recommença avec plus d'attention; et, pour être plus sûre d'elle-même, elle retira ses gants. La peine ne fut pas perdue; le nœud fut ce qu'il était toujours, un modèle de perfection. Vaudreuse retint dans ses mains les deux mains d'Ambroisine et les couvrit de caresses. La reconnaissance fut plus forte que tout, elle alla si loin, que Vaudreuse ne sortit pas de la journée et qu'Ambroisine était encore chez lui quand arrivèrent, pour souper, Léonard, Stephen et Anatole.

Le couvert était mis, les bougies illuminaient les cristaux de la table; les domestiques, la serviette sur le bras, allaient de la salle à manger à la cuisine. Quand les trois amis de Vaudreuse se présentèrent, on n'aurait pu dire quel était celui des trois qui avait le plus de félicitations sur les lèvres en serrant la main à leur hôte, encore plus joyeux qu'eux tous.

— Nous avouons notre défaite, s'écria Stephen le premier. A toi la victoire !

— Et les mille louis, ajouta Anatole.

— Et la place du coin dans la chaise de poste, sur-ajouta Léonard.

— Merci à tous les trois, répondit Vaudreuse, en saluant Stephen, Anatole et Léonard.

— C'est bien de ta part, dit ce dernier, d'avoir hâté le terme de la gageure ; nous nous mettrons plus tôt en route ; après-demain nous roulerons.

— Ah! c'est après-demain, dit Vaudreuse.

— Trouverais-tu encore que c'est trop tard ? Quel héros ! Au surplus, continua

Anatole, voici ton water-proof. Le déluge ne le pénétrerait pas.

— Je te suis fort reconnaissant, ami.

— Oui, ton ami, car tu es un fier homme de résolution. Messieurs, je puis le proclamer maintenant : Vaudreuse n'a pas voulu consentir ce matin à ce que je demeurasse auprès de lui, afin de l'entretenir dans ses excellentes dispositions de rupture, un peu ébranlées par l'inattendu de l'événement; il s'est bien conduit.

— Tu me flattes, Anatole.

— C'est la vérité; la vérité, comme il est vrai que nous avons gagné notre pari contre ceux qui avaient douté de ton énergie, Vaudreuse. Ainsi, tu ne nous fais perdre que dix-huit mille francs; six mille francs chacun; ne parlons plus de cela.

—Non, ne nous occupons plus que du voyage, dit Stephen. Prendrons-nous la mer à Marseille ou traverserons-nous la Suisse?

—La mer à Marseille, dit Anatole.

— Non, la Suisse!

— Non, la mer!

— Pourquoi donc la Suisse, Léonard?

— Parce que la dame qui est la cause de notre voyage, veut voir la Suisse.

— C'est différent, répliquèrent Stephen et Anatole; va pour la Suisse!

— A propos de dame, dit Léonard en pesant sur ses paroles, il me semble qu'il y a ici un couvert de plus

—Tiens! c'est vrai, dit Anatole; est-ce que tu attendrais.....

— Je ne l'attends pas ; elle est ici, répondit Vaudreuse.

— Si tard, répliqua Stephen, c'est donc la passion de l'étrier.

— Si tôt, dit Anatole.

— Ni si tôt, ni si tard, messieurs, c'est toujours la même affection.

Et au milieu de l'obscure surprise de ses amis, Vaudreuse alla dans la chambre à coucher et en revint, tenant par la main Ambroisine, toute parée pour le souper.

— Messieurs, dit-il à ses amis, j'ai bien gagné mon pari.

Le moyen de se débarrasser d'une maîtresse, c'est d'en faire sa femme.

M. PIERRE CLÉMENT. [*]

A BON CHAT, BON RAT.

I

Il y a quelques années, par une de ces douces et pures journées d'octobre dont le ciel favorise ordinairement les Parisiens, en compensation des beaux jours du printemps qui n'existent pour eux

que de nom, deux des jeunes lions les
plus répandus dans le monde fashiona-
ble de la Chaussée-d'Antin, Edouard Chemillé et Félix de Pons, accoudés tous
deux sur le balcon de la maison qu'occupait Edouard dans la rue Neuve-Saint-
Georges, paraissaient s'entretenir avec
la familiarité la plus intime. Celui qui,
d'une maison voisine, les eut observés
pendant quelques instans avec intérêt,
eût facilement deviné, sans avoir besoin
de les entendre, que la conversation des
deux jeunes dandys n'était pas aussi fu-
tile que leurs habitudes bien connues
eussent pu le faire supposer. En effet,
d'un moment à l'autre, leur physionomie
devenait plus sérieuse, leur maintien
plus attentif. Tout-à-coup un sentiment de
déplaisir passa rapidement sur les traits
d'Edouard Chemillé; mais Félix de Pons,

qui parlait en cet instant et que la gravité de la conversation absorbait complètement, n'eut pas le temps de remarquer l'effet que ses dernières paroles avaient produit sur Edouard.

— Est-il bien possible? s'écria celui-ci quand Félix de Pons eut fini de parler. Quoi! vous, que j'ai entendu, il n'y a pas trois semaines encore, railler, d'une manière si impitoyable, les malheureux qui tendent volontairement le cou à la chaîne du mariage; vous qui savez si bien, par expérience, le sens que les femmes attachent au mot de serment; vous qui n'êtes encore, comme a dit un grand poète, ni ruiné ni en ruines; l'ai-je bien entendu? vous dites adieu à notre belle vie de garçon, à nos soupers délicats et à nos faciles amours; pour tout dire enfin, vous vous mariez dans un mois?

— Je me marie dans un mois, répondit Félix de Pons d'une voix ferme et grave.

— Et la femme que vous allez épouser s'appelle ?...

— Je vous l'ai dit ; mademoiselle Adèle de Montluçon. Ceci vous étonne peut-être plus encore que mon mariage lui-même, mon cher Edouard, et je viens de surprendre, sur votre visage, une expression de mécontentement que j'attribue, bien persuadé de deviner votre pensée intime, à l'intérêt que vous me portez. Mais, écoutez-moi. Vous disiez vrai tout à l'heure, en me rappelant, qu'il y a un mois à peine, je n'épargnais pas mes sarcasmes aux maris trompés. Eh bien ! cela même eut dû vous faire soupçonner que j'étais sur le point de commettre moi-même ce que j'appelais alors, et ce qui est peut-être, je ne le nie point, un acte de folie. Oui, mon cher, toutes les fois que vous entendrez un homme de trente ans faire d'éloquentes tirades contre le mariage, vous pouvez dire à part vous: cet homme sera marié avant un an, si l'occasion de faire un mariage convenable se présente à lui; car, s'il parle de la sorte, c'est parce qu'il craint de se laisser entraîner au torrent, et qu'il s'imagine mettre une barrière entre lui et le danger qui le menace, en traitant de fous et d'imbécilles ceux qui n'ont pas su s'en préserver. Ainsi ai-je fait pendant plusieurs mois, Edouard; et cette recrudescence de railleries dont vous avez parlé, je dirai plus, la séduction récente de cette jeune Anglaise, médiocrement belle du reste, que son mari a été forcé de m'enlever, tout cela n'avait d'autre mobile de ma part que l'envie de me guérir des idées de mariage qui me poursuivaient depuis quelque temps, en me prouvant à moi-même combien le mariage est chose chanceuse. Mais l'homme n'échappe pas à sa destinée, et la mienne n'était pas de vivre garçon. Ne m'interrompez pas, Edouard, car je sais ce que vous allez me dire, et je reconnais d'avance la justesse des objections que je vous vois prêt à me faire ; mais ce que je sais aussi, c'est que les attachemens fragiles, où vous et moi, nous nous sommes complu jusqu'à ce jour, laissaient dans mon cœur un vide importun ; c'est que je craignais de m'attacher par des liens trop forts à quelque femme que ma famille eût toujours et très-justement repoussée ; c'est enfin, que je redoutais de voir ma volonté dominée, enchaînée par la volonté d'une maitresse, ce qui est la plus affreuse de toutes les dépendances. Dites-moi maintenant, mon cher Edouard, si, avec le caractère et les dispositions que la nature m'a donnés, je ne fais pas chose sage et sensée en acceptant la main de mademoiselle de Montluçon.

— Permettez, dit Chemillé. Que vous ayez hâte de vous marier, puisque vous redoutez de tomber en de telles extrémités, rien de plus sage et de plus prudent, j'en conviens ; mais mademoiselle de Montluçon n'est-elle pas trop coquette et trop belle pour assurer votre bonheur ? Et d'abord, vous aime-t-elle, et vous-même, l'aimez-vous d'amour ? Tenez, mon cher Félix, voulez-vous être prévoyant jusqu'au bout, épousez une femme qui vous soit moins enviée, moins disputée que mademoiselle de Montluçon ne sera, sans contredit, enviée et disputée à son mari. Cela vous fait sourire; vous avez tort. Il y a plus. Regardez autour de vous. N'en déplaise à quelques observateurs, plus un jeune homme a fait de folies de dix-huit à trente ans, plus il a eu de maîtresses enfin, plus il est probable que sa femme aura des amans pour peu qu'elle soit jolie; et cela s'explique par une foule de raisons que vous commencez peut-être à comprendre aussi bien que moi. Mais faut-il tout vous dire?...

— Je vous écoute, répondit Félix de Pons avec une impassibilité parfaite.

— Et vous promettez de recevoir amicalement l'avis que je vais vous donner?

— Je vous le jure.

— Apprenez donc, mon cher Félix, ajouta Chemillé d'une voix plus basse, apprenez qu'il y a parmi nos amis un jeune homme, un garçon, qui a été, il peut le dire sans flatterie, distingué quelquefois en sa vie par des femmes bien posées dans le monde par leur esprit et par leur beauté. Or, ce jeune homme est amoureux de mademoiselle de Montluçon, et il s'est promis à lui-même de mettre tout en œuvre pour s'en faire aimer dès qu'elle serait en puissance de mari, c'est-à-dire parfaitement libre et maîtresse, comme l'est, à Paris, toute femme à qui le maire de son arrondissement a reconnu le droit de sortir seule et de porter un cachemire, d'aller aux rendez-vous qu'il pourra lui plaire de donner. Et maintenant voyez, considérez, réfléchissez à votre tour.

— N'est-ce que cela, dit Félix en souriant. En vérité, mon cher, vous m'aviez fait peur, car j'ai cru un instant que vous alliez me dévoiler les fils d'une passion de cœur poussée un peu trop loin, et tout un passé compromis sans retour. Heureusement, il n'en est rien, et je n'aurai pas à retirer la parole que ma famille a donnée ce matin à M. de Montluçon. Convenez, au surplus, que ce serait folie de changer d'avis pour si peu. Quoi ! vous comptez me dissuader de ce mariage en m'apprenant qu'un de nos amis s'est proposé de faire, un jour, la cour à ma femme ? Grande nouvelle, vraiment ! Mais, songez donc, Edouard, que tous mes amis, et je vous mets en première ligne parmi eux, songez que tous les hommes jeunes, au cœur généreux, aux passions vives, qui rencontreront madame de Pons dans le monde, auront les mêmes désirs, tendront au même but ; car, Dieu merci ! mademoiselle de Montluçon sera assez belle, après deux ans de mariage, pour qu'aucun de ces hommes ne la voie passer avec indifférence. Eh bien ! qu'a cela d'effrayant ? Ne voyez-vous pas, au contraire, que la multiplicité des pièges qui lui seront tendus, doit l'empêcher d'y tomber. Ces fringans oiseleurs que je m'attends à voir faire jouer leurs miroirs autour d'elle, ils se gêneront dans leur stratégie et se rendront réciproquement la victoire impossible. Toute femme qui n'est courtisée, adulée, encensée que par un seul homme finira par succomber aux séductions de cet homme, pourvu qu'il ne soit pas un rustre. Il n'en est pas de même de celle qui voit la galerie de ses orateurs toujours nombreuse et serrée. Oui, mon cher, les meilleurs gardiens de l'honneur d'une femme sont les hommes mêmes qui se disputent la possession de cette femme. Car ceux-là sont plus jaloux et moins faciles à endormir que la plupart des maris. Et puis, j'ai sur ce chapitre, des idées, qui ne sont pas les vôtres, je le sais, mais que je crois préférables aux vôtres. D'abord, je ne suis pas amoureux de mademoiselle de Montluçon.

— Comment? s'écria Chemillé, en interrompant son ami. Vous n'aimez pas mademoiselle de Montluçon?

— Entendons-nous, reprit de Pons; je ne l'aime pas aveuglément, et je m'en réjouis, parce que je pourrai voir et surveiller tout ce qui se passera autour d'elle. N'avez-vous pas fait cette remarque, Edouard? Dans le monde où nous vivons, les femmes qui trompent leurs maris, sont presque toujours celles que leurs maris aiment trop ou trop peu, c'est-à-dire aveuglément ou pas du tout. Eh bien! ni trop, ni trop peu, telle sera ma règle de conduite, ma devise. Puis enfin, car je veux bien admettre toutes les éventualités, si ma femme..... Tout est possible, a dit Napoléon. Eh bien! il me semble qu'en pareil cas, un galant homme ne saurait hésiter sur ce qui lui reste à faire. Je suppose, Edouard, que vous êtes celui de mes amis dont vous me parliez tout-à-l'heure.

— Moi? dit Chemillé, avec un embarras visible. Y pensez-vous?

— A quoi bon vous en défendre? poursuivit Félix de Pons. Ne voyez-vous pas que ma supposition est une pure plaisanterie? N'importe, j'admets le cas un instant. Qu'arrive-t-il? Nous nous battons au pistolet à une distance excessivement rapprochée. Si vous me tuez, tout est dit. Dans le cas contraire, je suis assez riche pour plaider en séparation de corps, et je renvoie ma femme chez ses parens. Que voulez-vous? ces possibilités ne sont pas gaies, j'en conviens; mais à tout prendre, je ne sais pas si cela ne vaut pas mieux que d'avoir par-ci, par-là, des maîtresses qui vous tyrannisent, sans compter les petites filles qu'on ne peut pas avouer, et que l'on voit débuter, quand leurs quatorze ans ont sonné, parmi les Choristes ou dans les rats de l'Opéra.... Mais pardieu! mon cher Edouard, poursuivit Félix de Pons après une légère pause, en parlant de rats, je viens d'en apercevoir un des plus jolis et des plus éveillés qui se puisse voir, à l'une des fenêtres de la maison qui fait face à la vôtre. Levez donc la tête ; plus haut, plus haut encore ; au sixième étage. Attendez ; nous allons sans doute le voir reparaître.

En effet, quelques minutes après, Edouard Chemillé et Félix de Pons, aperçurent à la croisée que ce dernier avait désignée, la tête d'une jeune fille d'une beauté remarquable.

— C'est bien elle, dit de Pons, c'est la petite Clara. Elle a fait son premier début, il y a quelques mois, dans un pas de *la Muette*. Elle ne sait pas danser, mais je l'ai applaudie avec un enthousiasme... C'est qu'elle est jolie comme un ange !

— Charmante ! continua Chemillé, j'étais aussi à son début, et j'ai fait comme vous.

— Prenez donc votre jumelle, dit de Pons. Notre rat n'est pas de ceux qui perdent à être vus de près.

Chemillé ouvrit un secrétaire, y prit une de ces énormes lorgnettes en ivoire blanc, dont les lions des avant-scènes de l'Opéra, ont fourni les premiers modèles aux opticiens de Paris, l'essaya lui-même pour la mettre au point, et la donna à de Pons, qui, la fixant des deux mains devant ses yeux, se mit à détailler minutieusement les traits de la jeune danseuse.

— Vous ne m'aviez pas dit qu'elle logeait en face de vous? dit Félix de Pons sans détourner la vue de la fenêtre du sixième étage. Egoïste !

— Je vous jure, répondit Chemillé que je l'avais ignoré jusqu'à ce moment.

— C'est donc moi, qui aurai mis le

chat sur la trace du rat? reprit Félix en riant.

— Oui, mais je crois que le chat en sera pour ses peines et qu'il se brûlera les griffes sans profit, dit Edouard. On assure que la petite Clara est inabordable, intraitable. Que voulez-vous attendre d'une danseuse qui ne soupe pas, même au café Anglais? En revanche, elle aime, dit-on, un jeune décorateur qui la reconduit chez elle tous les soirs, sans dépasser toutefois le seuil de sa porte, et qui doit l'épouser lorsqu'ils seront assez riches pour se permettre d'avoir des enfans.

— Un décorateur! s'écria de Pons. Voilà qui est plaisant. Mais il faut empêcher cela à tout prix; et nous l'empêcherons, n'est-ce pas, Chemillé?

— Peste! mon cher, dit celui-ci,

quelle exaltation! On ne dirait pas un homme qui va épouser une des plus jolies femmes de Paris.

—Est-ce une raison pour que je ferme les yeux à la lumière? reprit Félix. Du reste, je ne me marie que dans un mois, et ma future n'est pas à Paris dans ce moment; d'ici là, nous avons le temps de mettre le petit décorateur à la raison.

— Il est certain, dit Chemillé, à qui de Pons avait passé la jumelle depuis un instant, que ma voisine est véritablement ravissante. Quels beaux yeux noirs! Comme sa pâleur s'harmonise bien avec la coupe de son visage, et l'admirable chevelure qu'elle doit avoir!

— Halte-là, à votre tour, dit Félix en frappant légèrement sur l'épaule de son ami. Elle est votre voisine, cela est vrai, mais c'est moi qui en ai fait la découverte. Ainsi, part à deux!

—Part à deux, soit! répondit Chemillé; c'est-à-dire que chacun va attaquer la place à sa manière, et que du moment où l'un des deux aura seulement ouvert la brèche, l'autre devra cesser le feu sur-le-champ.

— C'est convenu, dit Félix.

En ce moment, les yeux de Clara se portèrent sur le balcon où cette conversation avait lieu. Soit prédestination, soit hasard, ils s'arrêtèrent de préférence sur Chemillé, qui, à l'aide de la jumelle monstre qu'il tenait alors, pût lire sur la physionomie de la jolie danseuse, une expression de plaisir bien marquée.

—Bravo, mon cher! dit Félix. Ne vous a-t-elle pas regardé en souriant? Encore!

Décidément, il y a sympathie, et c'est vous qui serez son vainqueur.

— Plût au ciel! s'écria Chemillé, en ayant l'air de caresser sa moustache, tandis qu'en réalité il déposait sur ses doigts un baiser à l'adresse de sa belle voisine. J'avoue, ajouta-t-il, que j'en suis amoureux fou.

— Et moi, reprit Félix, je vois que la prudence me conseille de vous céder le terrain sur-le-champ. Il paraît que j'exhale déjà un parfum de mari tout-à-fait compromettant. Mademoiselle Clara n'a pas même l'air de s'apercevoir que je sois à deux pas de vous.

— Délicieuse! charmante! se disait Edouard à lui-même en la saluant légèrement. Puis, la voyant près de se retirer: Adieu! adieu! murmura-t-il entre ses lèvres, comme si elle avait pu l'entendre.

— Elle a disparu! dit Félix de Pons. N'importe, l'épreuve n'est pas décisive. Nous verrons ce soir, à l'Opéra, si c'est bien à vous que doit rester le champ de bataille.

— A ce soir donc! répondit Chemillé renfermant adroitement dans son cœur les espérances que cette première épreuve lui avait permis de concevoir.

A ces mots, les deux jeunes lions s'éloignèrent du balcon, et se donnant une cordiale poignée de main, ils se dirent adieu.

II

Maintenant, s'il plaît au lecteur de prendre haleine et de nous suivre, nous allons l'introduire dans le modeste sixième étage habité par mademoiselle Clara Tournan, troisième danseuse dans les ballets de l'Opéra.

Si le logement qu'occupait la jolie danseuse était élevé d'environ cent vingt marches au-dessus du niveau de la rue Neuve-Saint-Georges, où l'on se souvient qu'il était situé, en revanche, l'escalier qui y conduisait était remarquable par l'élégance de sa rampe en façon palissandre à rayons dorés aux extrémités, et par le fini du stuc qui en marbrait les murailles. Cédant à un sentiment de vanité fortement enraciné, du reste, dans le cœur de tous les Parisiens de l'ère nouvelle, mademoiselle Clara avait préféré une chambre des plus exiguës dans une belle maison neuve et dans une rue *très bien habitée*, à un appartement beaucoup plus spacieux et bien moins aérien, qu'elle aurait facilement pu trouver aux environs du quartier Saint-Denis. C'est là, c'est dans cette chambre de dix à douze pieds carrés et dont sa main pouvait sans peine atteindre le plafond, que Clara Tournan passait, depuis plus de six mois, dans une solitude à peu-près complète, tout le temps où les exigences de son engagement et le soin de son avenir ne l'appelaient ni au théâtre, ni aux répétitions, ni à l'école de danse de M. Albert. Si, au moins, un mobilier élégant et confortable eût orné cette petite chambre ! mais loin de là ; un lit de sangles, deux chaises en paille, une table en bois blanc recouverte d'une toile cirée à ramages, un miroir à peine assez grand pour reproduire sa jolie tête, et dans un coin, une caisse qui renfermait toute sa garde-robe, tels étaient les seuls objets qui en composaient l'ameublement. Et pourtant, pendant plusieurs mois, Clara n'avait pas été malheureuse dans cette chambre. Souvent même, elle s'était rappelée avec un plaisir auquel sa liberté présente donnait une saveur inexprimable, l'époque où une vieille tante, à laquelle sa mère l'avait confiée en mourant, contrariait avec une obstination mille fois maudite, son goût pour la danse. Mais enfin, vaincue par ses prières de tous les jours, sa tante lui avait compté une somme de cinq cents francs qui lui revenait encore de l'héritage de sa mère, et elle était devenue libre, indépendante, maîtresse de ses actions. C'est alors qu'elle avait obtenu la faveur tant désirée d'entrer à l'Opéra. Bientôt après, elle avait débuté assez heureusement dans *la Muette*, et depuis quelque temps, grâce à sa jolie figure et aux dispositions que le maître de ballets lui avait reconnues, ses appointemens qui avaient d'abord été réglés à raison de cent écus par an, venaient d'être portés, à la grande jalousie d'une foule de ses camarades entrées à l'Opéra avant elle, au chiffre énorme de soixante francs par mois.

Quelle est la femme, la jolie femme surtout, qui, vers le commencement de sa quatorzième année, n'arrangepas, à sa manière, le plan de son existence? Clara Tournan n'avait pas manqué de bâtir son château en Espagne. Une fois admise à l'Opéra, elle s'était dit : On m'entourera d'hommages et de pièges, mais je résisterai à toutes les séductions; puis, quand mes appointemens auront atteint mille écus, ce n'est pas impossible, j'épouserai quelque honnête musicien de l'orchestre, dont le traitement, joint au mien, nous fera une vie douce, facile, commode; et mon ambition ne va pas au-delà.

Or, Clara put croire pendant quelques mois que son plan était destiné à se réaliser à une époque peut-être peu éloignée.

Une des premières personnes qu'elle rencontra le jour où elle mit le pied sur les planches de l'Opéra, fut un jeune décorateur qu'elle avait vu autrefois chez sa tante. Ce jeune homme, nommé Cadillac, faisait alors des nuages et des rochers, des océans et des forêts à quarante sous par jour. Il témoigna un plaisir extrême de revoir Clara, et comme il connaissait déjà le terrain des coulisses, il lui donna plusieurs conseils qui lui furent fort utiles pour se conduire dans le monde si horriblement envieux et susceptible où elle venait d'entrer. Clara se montra très reconnaissante de ces bons avis à Cadillac, qui, entraîné par son imagination de jeune homme et d'artiste, ne tarda pas à éprouver pour la jolie danseuse une passion véritable et profonde. C'était un garçon de vingt-deux ans environ, dont les traits fortement caractérisés étaient encadrés, suivant la mode généralement adoptée à cette époque par tous les jeunes gens qui maniaient le pinceau, dans une chevelure noire fort abondante, entretenue avec peu de soin. Ses yeux avaient un éclat extraordinaire, mais son teint d'une pâleur maladive annonçait en même temps, et les excès de travail auxquels il se livrait pour acquérir de bonne heure quelque réputation, et les privations qn'il était obligé de s'imposer en attendant d'être arrivé à ce but. Du reste, timide, docile aux moindres observations que lui faisait Clara, veillant sur elle avec une sollicitude toute fraternelle et l'accompagnant tous les soirs de spectacle jusque sur le seuil de sa porte, sans oser demander la permission de monter dans sa chambre, où il n'avait accès que le jour et à de rares intervalles.

Tel était le jeune homme dont Clara avait pendant quelques mois autorisé l'amour. On devine combien Cadillac était fier, au fond de son âme, de voir les propositions et les invitations des lions de l'avant-scène dédaigneusement rejetées par la jolie danseuse, car dans les premiers temps de son entrée à l'Opéra, celle-ci lui disait chaque jour avec un naïf orgueil toutes les démarches que l'on faisait auprès d'elle, toutes les lettres ambrées et parfumées qui lui étaient adressées. Il est vrai que Clara ne lui avait pas encore formellement promis de devenir sa femme, mais ne fallait-il pas qu'elle l'aimât pour préférer sa protection obscure et modeste à celle des vieux financiers et des jeunes dandys qui lui promettaient à la fois de riches parures, un somptueux appartement, des applaudissemens bien nourris toutes les fois qu'elle paraîtrait dans la salle et des éloges habilement tournés dans tous les journaux de Paris? Quand ces réflexions passaient dans la tête de Cadillac, son imagination s'exaltait, une ardente ambition s'emparait de lui; il songeait à la haute position que plusieurs décorateurs modernes s'étaient faite par leur talent, et son vœu le plus cher, était de devenir, lui aussi, habile, célèbre, riche, afin de pouvoir offrir à Clara les parures, les applaudissemens et les éloges qu'elle refusait tous les jours des autres à cause de lui.

Malheureusement, ces beaux rêves n'eurent qu'un temps. Un jour, Clara réfléchissait à sa position présente, à la difficulté de renverser le rempart que la jalousie des premiers sujets élevait entre elle et le public, à sa jeunesse qui s'écoulait tristement dans la solitude et dans la gêne, tandis que toutes ses camarades de l'Opéra, la plupart beaucoup moins jolies qu'elle, menaient une vie somptueuse, toute de plaisirs et de fêtes. Elle pensait en même temps à ce bon Cadillac qui l'aimait, il est vrai, et pour qui elle avait de l'amitié, mais dont la situation était encore moins brillante que la sienne. Au moment où elle s'abandonnait à ces réflexions, sa vue s'arrêta sur le balcon où Édouard Chemillé et Félix de Pons s'entretenaient d'elle. Comment avoir le courage de se montrer sévère pour certaines erreurs? Clara était jeune et belle; elle vivait dans un monde où ces titres sont une royauté; enfin, elle demeurait depuis six mois dans une mansarde du sixième étage; la tête lui tourna.

Dans la soirée, il y avait spectacle à l'Opéra. Placés dans la même loge, Édouard et son ami ne virent, parmi tous les rats du ballet, que l'objet de leur passion nouvelle.

— Elle est ravissante, disait de Pons qui paraissait avoir complètement oublié depuis quelques heures la beauté de mademoiselle de Montluçon.

— Adorable, ajoutait Chemillé sans cesser de regarder la jolie Clara qui de son côté avait fort bien reconnu les beaux cavaliers du balcon.

— Quel pied mignon! celui d'Antoinette a trouvé son vainqueur.

— Quelles blanches petites mains!

— Elle est de race, mon cher.

—Regardez cette pauvre Alexandrine, pour laquelle nous avons, l'un après l'autre, fait tant de folies, eh bien! le voisinage de Clara l'efface complètement.

— C'est qu'elle est à croquer, ma parole d'honneur! Elle a les yeux bien plus noirs que ceux de Mariette.

— Et beaucoup plus grands que ceux d'Émilie.

— Mais voilà qu'ils s'arrêtent encore sur vous, dit de Pons. Allons, décidément, vous êtes celui que son cœur préfère. J'abandonne la place; la victoire est à vous.

En ce moment le rideau se baissa.

Le spectacle terminé, les deux amis

allèrent se poster devant la porte de sortie des acteurs, pour s'assurer si Clara se faisait toujours accompaguer par le petit décorateur. Un instant après, ils la virent venir donnant en effet le bras au jeune peintre ; mais Chemillé crut s'apercevoir, lorsque Clara passa devant lui, qu'elle eut préféré un cavalier plus élégant que Cadillac, et il lui sembla même que le regard dont la belle enfant l'avait favorisé achevait sa pensée d'une manière significative.

— Monsieur Cadillac, disait un instant après Clara au jeune décorateur, je vous remercie de la complaisance que vous avez eu jusqu'à présent de me reconduire chez moi tous les soirs de spectacle, mais à l'avenir, je veux vous éviter cette peine. Mademoiselle Louisa et son frère sont forcés de passer par ici et je rentrerai du théâtre avec eux.

— Ainsi, dit Cadillac en tremblant, vous refusez un si léger service. Oh ! je m'étais bien aperçu depuis quelques jours que vous vous éloigniez de moi !

— Écoutez, reprit Clara ; j'ai de l'amitié pour vous ; vous le savez ; Eh bien ! c'est précisément à cause de cela que je me reprocherais d'entretenir plus longtemps vos illusions. Il est impossible que nous puissions nous marier ensemble ; nous ne serons jamais assez riches pour cela.

— Qu'en savez-vous ? répondit Cadillac. notre position peut s'améliorer d'un jour à l'autre.

— Ne voyez-vous pas combien il est difficile d'arriver au premier rang, dit Clara, et ce qu'il faut, non seulement de bonheur et d'intrigue, mais encore de talent pour franchir la double haie qui nous sépare encore des premiers sujets. Pour moi, je vous l'avoue sincèrement, je renonce au brillant avenir que j'avais rêvé. Que voulez-vous? Il vaut beaucoup mieux se rendre justice tout de suite que de sécher toute sa vie de dépit et d'envie en poursuivant un but impossible.

— Vous décourager aussi vite ! dit Cadillac de plus en plus ému et troublé.

— Je ne me décourage pas; je subis l'influence de ma position. Voilà six mois que je mène l'existence la plus triste, la plus monotone, tandis que toutes mes amies, toutes mes camarades de l'Opéra s'amusent et sont heureuses

— Cela est vrai, dit Cadillac, et c'est à moi que vous avez fait le sacrifice de tous les plaisirs qui vous ont été offerts,

à moi qui n'ai aucun des moyens de séduction de ceux qui vous entourent de
leurs hommages. Oh! j'étais injuste,
j'étais un égoïste. Mademoiselle Clara, je
vous dégage de votre promesse; vous êtes
libre; vous pouvez en aimer un autre.

— Ce pauvre Cadillac! dit Clara en
lui prenant les mains. Pourquoi vous
désoler ainsi? Vous voyez bien que je ne
suis pas digne d'être votre femme; vous
voyez bien que les exemples que j'ai
sous les yeux ont déjà corrompu mon
cœur.

En ce moment, ils étaient arrivés devant la maison où demeurait Clara.

— Adieu! mademoiselle, dit Cadillac,
d'une voix étouffée. Je ne vous impor-
tunerai plus de ma présence, mais si jamais vous êtes malheureuse et que
mon dévouement vous soit utile, dites

un mot, faites un signe, et aussitôt je serai là. Adieu !

— Monsieur Cadillac ! s'écria Clara. Mais le jeune homme était déjà loin, et malgré ce que la voix de la jolie danseuse avait d'affectueux, il continua à s'éloigner.

Restée seule, Clara monta triste et soucieuse dans sa modeste mansarde. Là, elle se repentit, pendant quelques instans, d'avoir désolé le cœur de ce pauvre Cadillac, d'un ami si bon, si dévoué. Mais elle l'avait dit elle-même : son âme était déjà corrompue; le mal était irréparable. Les choses eurent donc le cours qu'elles devaient avoir. Au bout de huit jours, elle était la maîtresse d'Edouard Chemillé, et celui-ci, de plus en plus amoureux de sa nouvelle conquête, n'avait d'autre souci que de ne pas deviner assez promptement les moindres caprices de sa jolie petite Clara.

Il n'y a pas de roi plus magnifique et plus généreux qu'un amant dans la lune de miel. S'il possédait des châteaux, un empire, le monde, il les mettrait aux pieds de sa maîtresse. Pendant plusieurs mois, la vie ne fut, pour Edouard et Clara, qu'une série d'enchantemens. Jeunes, indépendans tous les deux, ils marchaient, libres d'entraves, au milieu de ravissans paysages qui se renouvelaient à chaque instant. Chaque jour, c'étaient des petits soupers, des promenades, des bals masqués. Chemillé, lui-même, avouait avec une sincérité parfaite que jamais hiver n'avait été plus joyeusement, plus rapidement passé. Par malheur, au milieu de ce tourbillon de fêtes et de plaisirs, des imprudences avaient été commises, et quand le mois d'avril fut venu, Clara se trouva forcée de demander un congé d'urgence, que le directeur de l'Opéra lui accorda galamment. Trois mois après, la maîtresse d'Edouard mettait au monde une jolie petite fille, brune, aux grands yeux noirs, vifs et brillans comme ceux de sa mère.

III

Même pour les heureux de ce monde
la vie entière n'est qu'une lutte. Quand
les choses furent arrivées au point que
l'on vient de voir, Chemillé se surprit à
penser que sa passion pour Clara avait

fait son temps, et il songea aux moyens de recouvrer sa liberté, de rompre sa chaîne pour la renouer ailleurs. Il avait trop de délicatesse, se disait-il en lui-même, pour ne pas attendre que Clara fut entièrement remise de la secousse qu'elle allait éprouver; mais, dès qu'elle serait en état de rentrer à l'Opéra, son projet était de se détacher d'elle insensiblement et de lui fournir, en sauvant pourtant les apparences, toutes les facilités désirables pour former de nouvelles amours.

Un autre motif faisait aussi soupirer Chemillé après ce résultat. On se souvient de la conversation qu'il avait eue avec Félix de Pons le jour où celui-ci lui fit part de son prochain mariage avec mademoiselle de Montluçon. On n'a pas dû oublier non plus l'argument principal dont il s'était servi pour dissuader son ami de ce mariage. Enfin, il est inutile d'ajouter que Chemillé était précisément le jeune homme dont il avait dévoilé les projets à Félix de Pons. Or, depuis quelques mois, Edouard avait rencontré plusieurs fois, soit à l'Opéra. soit dans le monde, la belle madame de Pons, et à sa vue, les désirs qu'elle avait autrefois éveillés en lui s'étaient retrouvés au fond de son âme, si ardents, si vivaces que, malgré son intimité avec de Pons, il ne put résister au désir de mettre son ancien plan à exécution.

Mais son double projet ne lui réussit pas également, et les obstacles se trouvèrent précisément là où il ne s'attendait pas à les rencontrer.

Les maîtresses de théâtre ont ceci de particulier : anguilles, papillons, sylphides, comme il plaira au lecteur de les appeler, elles vous échappent et s'envolent de vos bras au bout de quelques jours ; ou bien, elles s'attachent à vous, partagent votre fortune, qu'elle soit bonne ou mauvaise, et ne vous quittent plus. Par sa nature, Clara tenait à cette dernière classe. D'abord elle avait aimé sincèrement Chemillé ; en second lieu, il lui semblait, depuis qu'elle avait une fille, que c'était là, entre elle et lui, un lien que des circonstances impérieuses et capitales pouvaient seules rompre. Aussi, quand Chemillé crut que le moment était venu de faire divorce avec l'Opéra, la jolie danseuse fut très longtemps à comprendre les intentions de son amant. Souvent, celui-ci restait deux ou trois jours sans se présenter chez elle, espérant, quand il y retournerait, rencontrer, chez Clara, un consolateur,

et bien décidé à profiter du premier prétexte qui s'offrirait à lui pour n'y plus
revenir. Mais vainement y allait-il à des
heures iuaccoutumées, rien ne prouvait
qu'elle lui eût donné un successeur. Une
autre fois, sa visite se faisait désirer beaucoup plus long-temps encore qu'à l'ordinaire ; mais alors, Clara se rendait chez
lui, l'attendait jusqu'à son retour, et l'a-
menait, bon gré mal gré, embrasser leur
jolie petite Fanny.

« Quel ennui ! se disait alors Edouard,
avec la crudité de langage que les jeunes
gens même les mieux élevés emploient
en pareille circonstance, je ne pourrai
donc jamais me débarrasser de cette femme-là ! Ah ! si j'avais le courage de lui chercher une bonne querelle ? mais, colère,
fougueuse et obstinée comme elle est,
où cela me mènerait-il ? Elle viendrait

me relancer dans ma loge ou jusqu'au foyer de l'Opéra, pour me faire une scène, au milieu même de mes amis. Et il faudrait la suivre, venir reprendre le joug, bercer, endormir *ma fille.* Ouf! comme c'est amusant! »

—A quoi songes-tu donc, mon petit Edouard? disait alors Clara passant amoureusement les bras autour du cou de son amant. Voyons, soyez un peu plus aimable. Avez-vous déjà envie de sortir?

— Moi! disait Chemillé se réveillant comme en sursaut; par exemple! Puis il ajoutait après un moment de silence; Au fait, c'est la vérité, et voilà pourquoi je suis si triste. J'ai été engagé à passer la soirée chez un ami de ma famille, tu conçois, il m'était impossible de refuser. Adieu! Clara; mais demain.... Oh! je te le promets; demain, avant midi...

— N'y manquez pas surtout, Edouard, car j'irais moi-même chez vous avec notre enfant.

— C'est inutile, je viendrai moi-même. A demain.

Et il allait terminer la soirée dans quelque maison où il était sûr d'avance de rencontrer madame de Pons.

Plusieurs mois se passèrent ainsi. Souvent Edouard conduisait Félix de Pons chez Clara et les laissait seuls ensemble. Quel était son but? Peut-être espérait-il que son ami parviendrait enfin à faire partager à sa maîtresse l'amour qu'il avait toujours pour elle? Ou bien, il lui importait d'éloigner autant que possible Félix de sa femme, afin de lui donner adroitement des torts auprès d'elle. Quant a Clara, la lutte qu'elle soutenait pour retenir son amant, lui causait de constantes inquiétudes, et déjà elle désespérait de parvenir à le conserver plus long-temps. Ce n'est pas qu'elle eût encore de l'amour pour Edouard. Les femmes dont l'amour résiste à l'indifférence, à la lassitude de leurs amans, sont rares. Mais elle avait une fille qu'elle aimait passionnément, et l'avenir de sa petite Fanny la remplissait de crainte. Que deviendrait cette chère enfant si Chemillé s'éloignait d'elle sans se préoccuper de son sort, sans lui rendre l'existence possible dans le cas où une mort précoce la priverait de sa mère ? Quand elle était tourmentée par ces idées, Clara maudissait la femme qui lui avait ravi l'amour d'Edouard. Ah ! si elle avait pu la connaître, avec quel bonheur elle aurait insulté sa rivale ! Mais tous les efforts qu'elle avait faits pour la découvrir avaient été sans résultat jusqu'alors.

Un soir, pendant un entr'acte, elle se promenait sur la scène, s'approchant de temps en temps du rideau pour s'assurer si Edouard, qu'elle ne voyait pas dans sa loge, n'était pas caché dans quelque coin obscur de la salle, et rudoyant sans pitié les papillons en gants jaunes qui s'approchaient d'elle pour lui faire leur cour. Elle était déjà retournée au rideau plusieurs fois, espérant toujours, mais toujours en vain, et son impatience devenait plus visible à chaque instant. Dans un de ces momens, un jeune homme très-simplement vêtu s'approcha d'elle, et au grand étonnement des jeunes dandys qui se trouvaient là, elle ne le repoussa pas. C'était Cadillac qu'elle n'avait pas vu depuis plus d'un an.

—Mademoiselle Clara, lui dit Cadillac avec émotion, vous êtes malheureuse. Me voilà, avez-vous besoin de moi?

Clara lui prit la main et la serra affectueusement.

—Ecoutez, lui dit-elle, Edouard veut m'abandonner et abandonner sa fille. Je crains de ne pouvoir l'en empêcher. Mais il faut au moins que je me venge, et je veux savoir s'il a une nouvelle maîtresse,

—Vous l'ignorez donc encore? dit Cadillac.

— Mais vous, oh! vous la connaissez donc? vous savez son nom? Parlez, parlez. Est-elle du théâtre? Est-ce une grande dame?

— C'est une grande dame, répondit Cadillac; voici comment je l'ai appris : il y a quelques jours, je me promenais dans une contre allée du bois de Boulogne; un cavalier et une amazone passèrent à côté de moi au pas de leurs chevaux et sans me voir, car en cet endroit le feuillage était épais et l'obscurité déjà venue. Le cavalier, c'était M. Edouard de Chemillé, je le reconnus fort bien ; quant à la dame, un voile noir cachait sa figure, et je ne pus la voir. En ce moment, un galop de cheval se fit entendre : Voici votre mari, dit M. Chemillé à ce bruit. Quand vous reverrai-je ? — Je vous écrirai, répondit l'amazone. A ces mots, ils doublèrent le pas, et disparurent au tournant d'une allée.

— Ainsi, dit Clara se parlant à elle-même. Cela est donc vrai ! Il me trahit, il m'abandonne pour une autre. Et je ne puis savoir qui elle est ! N'importe, je réfléchirai, je verrai. Merci, monsieur Cadillac, merci.

Le lever du rideau interrompit cette conversation.

Pendant toute la soirée, Clara fut en proie à une tristesse mortelle.

Cependant, de temps en temps, il lui fallait paraître en scène, prendre des poses gracieuses, être tour-à-tour le chaînon d'une corbeille vivante et l'anneau d'un cercle mouvant, aller à gauche, à droite, au fond du théâtre et devant la rampe, enlacer ses bras dans les bras d'un danseur, donner sa taille à celui-ci, ses mains à celui-là, ses épaules à un autre, et cela en cadence, et le sourire sur les lèvres.

Le lendemain et les jours suivans ses souffrances furent affreuses. Les visites de Chemillé devenaient de plus en plus rares, et, malgré la bonté avec laquelle elle le recevait, malgré sa résignation et ses efforts pour ranimer son amour, à peine était-il chez elle depuis quelques instants que l'ennui s'emparait de lui et que le désir de la quitter perçait dans chacune de ses paroles. C'est alors que l'idée vint à Clara de s'habiller en homme pour le surveiller, pour savoir auprès de qui s'écoulaient ses journées et dans quelles maisons il se rendait tous les soirs. Souvent, blottie dans le coin d'un fiacre posté en face du logement d'Édouard, il lui arriva d'attendre des heures entières que son amant sortit; puis, elle le suivait de maison en maison, et ne rentrait chez elle qu'au milieu de la nuit, désolée de l'inutilité de son espionnage, et de plus en plus furieuse, indignée contre celui qui la forçait de s'abaisser à un rôle aussi odieux.

—Le sort en est jeté, se dit-elle un

jour. Il ne me reste plus qu'une ressource. Quelque chanceuse et hardie qu'elle soit, j'y aurai recours.

Ce jour-là, elle devait dîner avec Édouard. Vers la fin du dîner, elle versa adroitement dans le verre de son amant quelques gouttes d'opium ; puis, quand la soirée fut assez avancée, elle le reconduisit chez lui, et, sur sa prière, consentit à ne pas le quitter jusqu'au lendemain.

Quelques instans après, grâce aux bons effets de l'opium qu'elle lui avait fait prendre, Édouard dormait d'un sommeil profond. C'était le moment fixé par Clara pour mettre son projet à exécution.

Elle se leva sans bruit, prit dans les vêtemens d'Édouard la clé de son secrétaire, et l'ouvrant avec précaution, se mit à fouiller dans tous les tiroirs avec une curiosité pleine d'impatience. Ses premières perquisitions furent vaines, et elle désespérait de trouver ce qu'elle cherchait, quand elle avisa un tiroir à secret. Elle fit jouer un ressort et le tiroir s'ouvrit. Il renfermait un coffret au fond duquel se trouvaient une vingtaine de lettres. Clara s'en empara avec empressement.

En ce moment, un bruit se fit entendre du côté de l'alcôve.

— Clara! dit Edouard d'une voix épaisse ; où es-tu donc ?

— Me voici, répondit Clara, éteignant aussitôt sa bougie ; et, glissant dans les plis de son châle le paquet de lettres qu'elle venait de voler, elle se dirigea à tâtons vers l'alcôve.

Mais déjà Edouard s'était rendormi.

Le lendemain matin, de bonne heure, Clara retournait chez elle avec les pré-

cieuses lettres. Là, s'enfermant à double
tour dans sa chambre, elle s'écria : Enfin!
je vais donc la connaître!

IV

C'étaient en effet des lettres de femme ;
mais au grand désappointement de Clara,
il lüi fut impossible de deviner à leur
contenu quel était le nom de celle qui
les avait écrites. Seulement, il était évi-

dent que c'était une femme mariée, une grande dame. Quant à la signature, elle ne se composait que d'une seule lettre, la lettre A. Là se bornaient les renseignemens que Clara retira de cette lecture. Quoiqu'il en soit, elle serra avec soin la correspondance amoureuse d'Edouard, et elle se promit de ne pas se dessaisir de ces lettres. Qui sait? un hasard heureux lui apprendrait peut-être un jour de quelle main elles partaient, et alors, d'insignifiantes qu'elles étaient jusques-là, elle pouvaient tout-à-coup acquérir un grand prix.

Dans la soirée, Edouard vint chez Clara. Soit fatalité, soit hasard, il se montra ce soir-là d'une humeur brutale. On eût dit qu'il voulait à tout prix irriter, exaspérer sa maîtresse, et rompre sans retour la faible chaîne qui l'attachait

encore à elle. D'après le plan de conduite qu'elle s'était tracée, Clara devait
tout endurer, tout souffrir d'Edouard,
jusqu'à l'époque où elle connaîtrait le
mystérieux auteur des lettres qu'elle
avait surprises, mais Edouard fut tour-
à-tour si impertinent et si cruellement
railleur, qu'elle perdit enfin patience.

— Monsieur Chemillé, dit-elle au jeune
lion nonchalamment étendu sur un divan, tandis qu'elle s'arrangeait un nouveau costume au coin du feu, je crois
deviner ce que vous voulez.

— Vraiment? dit Chemillé d'un ton
badin et sans lever la tête. Voyons, parlez, ma chère amie, je suis tout oreilles.

— Ne me parlez plus sur ce ton là, monsieur, dit Clara avec fierté, je vous le défends; voilà trois mois que je souffre, sans
me plaindre, vos insolences et vos injures;

je ne les souffrirai pas un instant de plus. Levez-vous donc, et partez. Vous enverrez chercher demain tous les objets qu'il vous plaira de reprendre dans cet appartement. Avez-vous entendu, monsieur? Vous êtes libre, allez.

En parlant ainsi, elle se leva vivement, et dans sa colère, renversa la corbeille en bois de palissandre qui se trouvait devant elle.

— Peste! ma belle amie, dit Chemillé sans quitter le divan où il était assis. Quelle fureur vous transporte! C'est ainsi que vous chassez vos amis, des amis d'un an? ne vaudrait-il pas mieux, puisque nous devons nous séparer, nous séparer amicalement, au lieu de nous accabler d'injures comme des gens de rien. Quant à moi, je vous assure que je conserverai toujours pour vous une amitié sincère, et que l'époque de ma vie qui s'est écoulée auprès de vous, sera toujours celle dont je me souviendrai avec le plus de plaisir.

— Misérable! dit Clara qui pendant ces dernières paroles s'était rapprochée d'Edouard qu'elle regardait avec des yeux flamboyans, le menaçant en quelque sorte du poing. Oui, vous êtes un misérable, un lâche, un infâme. Vous m'avez aimée pendant quelques mois parce que j'étais jeune, et qu'aucun homme ne vous avait précédé dans mon cœur; mais du jour où je suis devenue mère, du jour où vous vous êtes aperçu que cet amour pourrait avoir des charges pour vous, de ce jour, vous n'avez plus eu qu'un désir, le désir de vous débarrasser de moi. Eh bien! soyez satisfait. Je vous le répète : vous êtes libre, sortez.

— Que je vous laisse dans cet état d'exaspération contre moi, dit Chemillé d'une voix qu'il cherchait à rendre affectueuse et douce. Permettez qu'auparavant j'essaie de vous désabuser. Clara, je vous le jure, vous êtes injuste à mon égard.

— Allez donc, monsieur, reprit celle-ci en se promenant dans l'appartement; allez, votre nouvelle maîtresse vous attend.

— Voici encore une injustice, dit Chemillé. Quelque ami charitable vous aura dit cela pour me perdre dans votre esprit.

— Vous n'avez pas de maîtresse! s'écria Clara, s'efforçant en vain de rester maîtresse de son secret.

— C'est la vérité pure, répondit Chemillé avec un air de conviction parfait.

— Quoi! dit Clara, emportée par la

colère, vous n'avez pas une maîtresse dans le monde ? une maîtresse qui vous écrit et dont vous avez reçu plus de vingt lettres ?

Ces paroles une fois prononcées, elle comprit l'imprudence qu'elle venait de commettre et les obstacles qu'elles pourraient mettre à ses projets, mais il était impossible de les retirer.

Etourdi, troublé par ce qu'il venait d'entendre, Chemillé garda un moment le silence, puis se rapprochant de Clara qui s'était assise dans un coin de l'appartement : « Que voulez-vous dire? fit-il d'un ton doucereux en opposition avec sa physionomie sur laquelle se peignait le trouble le plus profond? Moi? j'aurais une autre maîtresse que vous, une maîtresse qui m'aurait écrit plus de vingt fois ? Qui donc vous a raconté des bruits aussi absurdes ?

— Je ne m'en souviens plus, répondit Clara avec indifférence.

— Cela est impossible, reprit Chemillé avec force, dans l'espoir de l'intimider. Si quelqu'un vous a fait cette confidence, comme elle était d'une grande importance pour vous, je ne doute pas que vous ne parveniez à vous rappeler son nom.

— Vous avez tort, dit Clara en l'interrompant : je l'ai dit et je le répète, je ne me souviens de rien.

— Que signifie ceci ? pensa Chemillé. Comment des détails que personne au monde ne connaît, excepté madame de Pous et moi, sont-ils venus à sa connaissance ?

En même temps, il se promenait d'un air agité dans l'appartement.

Tout-à-coup une affreuse idée se présenta à son esprit et il se précipita vers Clara.

—Clara, lui-dit-il en prenant le bras de la jeune femme et le serrant avec violence, hier dans la soirée, mes sens se sont appesantis d'une manière étrange, inaccoutumée, et je vous ai priée de m'accompagner chez moi où vous êtes restée jusqu'à ce matin. Ne vous êtes-vous pas levée cette nuit, pendant que je dormais profondément, Clara? n'avez-vous pas ensuite fouillé dans mes poches pour y prendre une clé, et avec cette clé, n'avez-vous pas ouvert mon secrétaire? n'avez-vous pas enfin volé vingt lettres de femme qui étaient dans un tiroir de ce secrétaire?

— Eh bien ! oui, dit Clara en se levant et repoussant Edouard avec force. Tout cela est vrai ; oui, cette nuit, j'ai profité de votre sommeil pour vous voler les lettres de votre nouvelle maîtresse.

— Malheureuse ! s'écria Edouard en accompagnant ces paroles d'un geste menaçant, rends-moi mes lettres, rends-les moi à l'instant même, ou je te tue.

Et en parlant ainsi il marchait, et en s'avançant il poussait toujours Clara devant lui. Arrivé à l'extrémité du salon il prit de nouveau les mains de la danseuse et les serra dans les siennes comme dans un étau.

— Vous pouvez me tuer, dit froidement Clara, mais je jure que vous n'aurez jamais ces lettres.

— Et moi, poursuivit Edouard, je jure Dieu que si tu ne me les remets sur-le-champ, ta dernière heure aura bientôt sonné.

— Ce sera un crime inutile, dit Clara avec la même impassibilité. Vous ignorez où je les ai cachées.

A ces mots qui jetèrent sur sa position une affreuse lumière, Chemillé abandonna les mains de Clara, et fit silencieusement quelques tours dans le salon. Au bout d'un instant, l'idée lui vint que la douceur et la ruse lui réussiraient peut-être mieux que la violence et les injures. Il se rapprocha de sa maîtresse.

— Ma chère Clara, dit-il d'une voix insinuante et douce, il est impossible que vous persistiez à vouloir garder ces lettres. Si votre obstination ne devait compromettre que moi, je n'aurais pas à m'en plaindre, mais elle pourrait occasionner d'incalculables malheurs, et ces malheurs retomberaient sur des innocens. Clara, je vous en supplie, rendez-moi cette fatale correspondance. J'ai été coupable envers vous, j'en conviens, mais pouvez-vous croire que j'aie oublié les liens sacrés qui nous unissent, au point de songer à les briser? Non, non; un entraînement funeste a bien pu m'éloigner de vous pendant quelque temps, mais c'est vous, oui, vous seule, que j'ai toujours aimée d'amour, et si vous consentez à anéantir devant moi la preuve d'une erreur que je regrette amèrement, je jure ici de reconnaître votre générosité par une affection éternelle. Quel gage désirez-vous de ma sincérité?

— Votre sincérité? dit Clara d'une voix dédaigneuse; je ne vous aime plus, ainsi, que m'importe?

— Mais cela est impossible, reprit Edouard en tombant aux genoux de la jeune femme. Il est impossible que pour une faute où un maudit hasard m'a poussé, tu me repousses à jamais de toi, tu me fermes ton cœur sans retour. Clara, ma bien-aimée, mon ange, vois ma douleur et mon repentir. Le véritable amour est indulgent. Refuseras-tu de me pardonner ?

— Ne vous ai-je pas dit que je ne vous aimais plus ?

— Ainsi, ni les souvenirs du passé, ni mon désespoir, ni les larmes que tu me vois répandre...

— Encore une fois, vous n'aurez pas ces lettres, vous ne les aurez jamais. Vous me parlez de votre désespoir, de vos larmes, et vous me croyez assez crédule pour ajouter foi à vos protestations ! Désabusez-vous, monsieur, vos protestations sont trop tardives. Hier, il eut été temps encore. Aujourd'hui, tout est fini, rompu entre nous.

—Ma chère Clara, dit Chemillé faisant tous ses efforts pour ne pas éclater ; ne me refusez pas la grâce que je vous demande, que j'implore de vous à vos genoux.

— Mon parti est pris ; vous ne les aurez pas.

— Clara, songez-y bien ; la violence de votre emportement peut compromettre la vie de plusieurs personnes.

— Avez-vous donc pris pitié de la mienne, vous qui depuis trois mois avez pu voir le chagrin cerner mes yeux, dessécher mon visage, courber ma tête? Non. Vous ne veniez ici que pour insulter à ma douleur par votre indifférence, pour lasser ma patience, pour provoquer une rupture. Eh bien donc! écoutez-moi et que tout soit dit. Ces lettres, vous les réclamez en vain.

— Ah! dit Chemillé bondissant de rage, je ne les aurai pas! Et moi je jure que tu vas me dire sur-le-champ en quel lieu tu les a cachées.

En même temps, il lui prit de nouveau les bras et les étreignant avec force il la fit tomber sur ses genoux. Clara poussa un cri de douleur.

— Où sont-elles? Où sont-elles? s'écria Chemillé.

— Au secours! dit Clara en se débattant et en pleurant de douleur.

— Parle, ou tu es morte, répondit Edouard.

— Grâce! pitié!

— Où les as-tu cachées?

—Oh ! mon Dieu ! mon Dieu !

— Mes lettres ! mes lettres !

— Laissez-moi libre et vous saurez tout, dit Clara d'une voix entrecoupée de sanglots.

— Non, non ; parle d'abord...

— Eh bien ! murmura la jeune femme, brisée, abattue par la douleur ; ces lettres....

Tout-à-coup le bruit d'une sonnette retentit dans l'antichambre et l'on entendit une porte s'ouvrir et se refermer.

— Je suis sauvée ! dit Clara en se relevant avec joie.

— Malédiction ! s'écria Chemillé.

C'était de Pons qui entrait.

V

—Parbleu! dit-il d'une voix haute, sonore et d'un ton joyeux, je vous croyais chez Franconi. Chemillé, je viens passer la soirée, prendre le thé, rire, causer avec vous. J'ai dîné ce soir avec Flavigny, Mauriac, Fervacques, tous nos amis enfin ; vous seul y manquiez. Un dîner délicieux, parfait... Mais comme vous voilà graves et silencieux... Moi, qui suis un peu fou, qui ai bu deux ou trois bouteilles de champagne, ce soir ; cela se rencontre à merveille. Ah ! çà, Edouard, qu'avez - vous donc à me regarder de cet air étonné ?

— Moi ? dit Chemillé, pas du tout. J'allais sortir au moment où vous êtes entré. Pouvez-vous m'accompagner ?

— Non pas, non pas, reprit de Pons ; et se rapprochant de Clara qui s'était assise devant le feu qu'elle regardait d'un air distrait et rêveur, il ajouta en la saluant : Si mademoiselle Clara le permet, je lui tiendrai compagnie ce soir. C'est que vous ne savez pas tout, Edouard ? vous ne savez pas que je suis libre, et que je redeviens garçon pendant quelques jours. Ma femme, mon Adèle chérie, poursuivit-il en faisant une pirouette sur lui-même, est partie ce matin pour la campagne de sa mère, où elle doit rester toute la semaine. Vive la liberté !

— Adèle! s'écria la danseuse, sortant en sursaut de sa rêverie. Puis, d'un son de voix indifférent en apparence : Votre femme s'appelle donc Adèle? dit-elle à M. de Pons.

— Adèle-Antoinette-Marie, née de Montluçon, répondit de Pons, que son état de demi-ivresse avait empêché de remarquer l'étonnement de Clara.

— Adèle! se disait celle-ci; plus de doute; c'est elle; c'est la maîtresse d'Edouard. Comment me venger?

Et pendant que Félix parlait des

incidens de son dîner à Chemillé qui ne lui répondait que par de rares mo-nosyllabes, elle cherchait dans sa tête un moyen de satisfaire en même temps et son amour-propre et sa haine.

En ce moment, l'inquiétude d'Edouard était portée à son comble. Il y avait en effet dans l'attitude pensive et préoccu-pée de Clara, quelque chose de sombre et de menaçant bien fait pour l'effrayer; aussi examinait-il avec une anxiété inex-primable le jeu de sa physionomie. Quant à elle, de temps en temps, elle jetait sur lui un regard empreint à la fois de rage et de mépris. Puis, elle retombait dans ses réflexions. Tout à coup, Edouard vit un éclair de joie illuminer le visage de sa maîtresse. Au même instant, celle-ci se leva et se dirigea vers la porte de sa chambre. Abandonnant aussitôt dans un coin de l'appartement Félix de Pons qui depuis dix minutes avait recommencé dix fois la description d'une course de chevaux qu'il n'achevait jamais, Chemillé se touva sur le passage de Clara au moment où elle allait entrer dans sa chambre.

—Ma chère amie, lui dit-il à voix basse, qu'allez-vous faire? songez qu'il y a du sang au fond de tout ceci.

— Auriez-vous peur? répondit Clara en le repoussant du bras.

— Vous savez bien que l'idée de la mort ne m'épouvante pas, reprit Chemillé se penchant vers son oreille; j'ai fait mes preuves.

— Eh bien! alors, reprit-elle aussi à voix basse, laissez-moi sortir et ne me suivez pas; je vous défends de me suivre.

En disant ces mots, elle entra dans sa chambre.

—Or ça, Chemillé, dit Félix de Pons, que se passe-t-il donc? Votre rat paraît bien terrible aujourd'hui?

— Ecoutez, Félix, répondit Chemillé en se rapprochant de son ami ; Clara est d'une humeur épouvantable; je crois que nous ferons bien de la laisser seule; sa colère s'apaisera plus tôt.

— Vous pensez? dit Félix hésitant à quitter le moëlleux divan où il était assis.

— J'en suis certain, venez.

— Comment? sans lui faire mes adieux?

— C'est inutile; je vous excuserai auprès d'elle.

— Allons, soit! dit de Pons en se levant.

— Venez donc, murmura Chemillé en l'entraînant vers la porte.

En ce moment, Clara rentra dans le salon.

— Monsieur de Pons? dit-elle aussitôt.

Celui-ci, se débarrassant du bras d'Edouard, se retourna et fit quelques pas vers Clara.

— Eh bien! reprit Clara; c'est ainsi que vous tenez vos engagemens? Vous venez ici pour passer la soirée avec moi, et voilà que vous cherchez à vous esquiver sans prendre congé de moi? Ah! cela n'est pas bien et je ne reconnais pas là votre galanterie ordinaire. Allons, venez vous asseoir ici; nous avons à causer en attendant le thé.

— Comment donc? s'écria Félix tout joyeux, je ne demande pas mieux. C'est Edouard qui avait pensé que la solitude, le silence.....

— Ah! monsieur Edouard vous a dit

cela? c'est trop de précaution, et je l'en remercie sincèrement. Mais tout bien considéré, je crois que votre société sera meilleure que la solitude et le silence. Eh bien! Edouard, ne voulez-vous donc pas terminer votre soirée avec nous, avec moi? vous savez que ce sera la dernière peut-être.

— Que voulez-vous dire? s'écria de Pons.

— Vous allez l'apprendre, répondit Clara; j'attends qu'Edouard ait pris un siège et se soit rapproché de nous.

— Et moi, je vous défends de dire un mot de plus, dit Edouard accompagnant ces paroles d'une imprécation horrible. Vous m'avez entendu, Clara? je vous le défends.

— Monsieur, répondit froidement Clara, je n'ai pas peur, et tous vos éclats de voix ne m'intimident plus. Au surplus, M. de Pons est là, qui, au besoin, me protégerait contre vous. Ainsi, asseyez-vous, ou sortez : l'un ou l'autre.

Edouard prit une chaise et s'assit à côté de son ami.

— Voici ce dont il s'agit, dit alors Clara en s'adressant à Félix de Pons, pendant que son amant jetait sur elle des regards farouches et flamboyans. M. Edouard ne m'aime plus et il veut m'abandonner; c'est son droit; mais il veut aussi abandonner sa fille, une belle et charmante enfant à laquelle sa mère peut manquer peut-être demain, sans lui assurer une ressource contre la mendicité et la faim.

— Je n'ai jamais refusé cela, dit Chemillé.

— Vous n'y aviez pas songé non plus, répondit fièrement Clara. J'ajoute même que vous l'eussiez refusé, si je n'étais parvenue à m'emparer de cette correspondance.

En même temps, Clara fit voir à Félix de Pons, un petit paquet se composant d'une vingtaine de lettres réunies par une petite faveur rouge.

A cette vue, Édouard se leva à moitié et étendit le bras vers le paquet de lettres que tenait Clara; mais Félix de Pons qui se trouvait au milieu d'eux, se leva en même temps que lui, arrêta sa main et le força de se rasseoir.

—Un instant, dit Félix; mademoiselle Clara a demandé ma protection, et elle ne l'aura pas demandée en vain. Continuez, mademoiselle, je vous écoute.

—Eh quoi? dit celle-ci, vous ne devinez donc pas?

— Non vraiment, répondit Félix. Ces lettres ?

— Ces lettres, reprit Clara, dont une sombre joie animait la physionomie, ces lettres sont de la nouvelle maîtresse de M. Edouard, et cette maîtresse est une femme mariée, une grande dame. Si je les envoyais au mari de cette femme, ces lettres seraient suivies d'un duel à mort. Elles ont donc une valeur considérable, immense ; elles mettent en mes mains l'honneur d'une famille riche, haut - placée dans le monde, et l'existence d'un homme, amant ou mari, n'importe. Eh bien ! j'exige que chacune d'elles soit estimée la valeur d'un billet de banque, et que M. Edouard Chemillé reconnaisse devoir, non pas à moi, je ne demande, je ne veux rien pour moi, mais à sa fille, autant de mille francs que ce paquet renferme de lettres.

Ces dernières paroles furent accueillies avec un profond sentiment de joie par Chemillé. Cependant, il fut assez pour ne pas la laisser éclater sur sa physionomie, afin de ne pas éveiller les soupçons de Félix de Pons.

— Et combien de lettres y a-t-il? demanda celui-ci.

— Vingt, répondit Clara.

— Vingt mille francs! s'écria Félix. Et se tournant vers son ami: Eh bien! mon cher Edouard, quelles sont vos intentions? lui dit-il en souriant. Vingt mille francs! C'est un peu cher, il me semble; et pour peu que le mari ne soit pas de première force, vous pourriez fort bien risquer le duel.

— Je n'en ferai rien, répondit Chemillé avec calme. Ce n'est pas que j'aie peur pour moi. Plusieurs fois, et vous en avez été témoin, j'ai exposé ma vie pour des causes futiles, pour des folies ; mais ici, il y a la réputation d'une femme à sauver. D'ailleurs, les vingt mille francs dont il s'agit sont destinés à assurer un sort à ma fille, et c'est un second motif, non moins puissant que le premier, pour que j'accepte les propositions qui me sont faites.

— C'est très-bien, dit Félix. Puis, s'adressant à Clara : je comprends, dit-il, que Chemillé se résigne généreusement au sacrifice que vous lui demandez. Mais je suis son ami, et vous permettrez que je remplisse en cette occasion un rôle auquel sa délicatesse l'empêche de descendre. Chemillé n'est pas aussi riche que vous le pensez ; ensuite, il est un âge dans la vie des jeunes-gens où vingt mille francs constituent une somme énorme. Ne pourriez-vous donc diminuer de moitié le prix que vous avez mis à ces lettres?

— Jugez vous-même si je les ai évaluées trop cher, dit Clara, en arrachant le ruban qui rassemblait les lettres.

Et elle en présenta une à Félix de Pons.

— C'est inutile, s'écria Chemillé s'interposant entre eux; je consens à tout.

—Dans ce cas, dit Clara en retirant la main, vous aurez la bonté de souscrire à mon ordre une obligation de vingt mille francs, que M. de Pons voudra bien accepter, je l'espère; j'ai ouï dire que cette formalité était nécessaire dans certaines circonstances. Du reste, vous êtes libre de spécifier que ces vingt mille francs devront être employés à acheter des rentes au nom de votre fille et que ces rentes vous reviendront au cas où elle viendrait à mourir avant sa majorité.

— Peste ! pensa Félix, comme notre rat entend les affaires ! Et un léger sourire erra sur ses lèvres.

Clara s'en aperçut, et reprit :

— Que voulez-vous, M. de Pons ? ce langage, ces précautions vous surprennent. Mais réellement, avons-nous tort de nous tenir en garde ? C'est signe de bonté et de loyauté de se laisser tromper une première fois ; c'est bêtise de s'exposer à une seconde duperie.....

— Finissons-en, dit Chemillé en interrompant Clara.

Et s'asseyant devant une table, il rédigea à la hâte un engagement de vingt mille francs, au bas duquel Félix de Pons écrivit ensuite son acceptation.

—Maintenant, dit Chemillé à Clara en lui présentant le billet qu'il venait de souscrire, j'espère que vous allez me rendre ces lettres. Donnant, donnant.

— Pardon, monsieur, répondit Clara. J'ai oublié de mettre dans mes conditions que ces lettres ne rentreraient plus en votre pouvoir.

— Par exemple! dit Félix de Pons, ceci est inacceptable et je ne le souffrirai pas. Mademoiselle, vous profitez cruellement de ce fatal secret.

A cette dernière prétention de Clara, Chemillé avait senti une sueur froide couvrir son visage. Cependant, il garda prudemment le silence, disposé qu'il était à subir, pour le moment du moins, toutes les conditions qu'on eût voulu lui faire.

— Écoutez-moi jusqu'au bout, dit alors Clara à Félix de Pons; vous prononcerez ensuite. Je ne veux pas, il est vrai, rendre ces lettres à M. Chemillé, mais je consens à ce qu'elles soient anéanties, brûlées à l'instant même au feu de cette bougie, et c'est vous-même que je desire charger de ce soin. Voulez-vous rendre ce nouveau service à votre ami?

— Mais, dit Chemillé en hésitant, n'y a-t-il pas à craindre...

— Que M. de Pons ne voie l'écriture de ces lettres? poursuivit Clara. Rassurez-vous, monsieur; votre discrétion s'effraie à tort. Vous savez que ces lettres n'ont plus leurs enveloppes, et elles sont pliées de telle manière que l'œil ne saurait percer le mystère que nous avons intérêt à cacher. M. de Pons veut-il les brûler lui-même une à une?

— Voilà un singulier caprice! observa Chemillé.

— Ne suis-je donc plus, ni assez jeune ni assez jolie pour en avoir? répondit Clara.

— Allons, soit! dit de Pons avançant la main. Au surplus, Edouard, ajouta-t-il en se tournant vers celui-ci; soyez tranquille, je conçois vos scrupules et je les respecterai. Mademoiselle Clara, je suis à vos ordres.

— Voici, monsieur, dit-elle en lui donnant une lettre.

De Pons la prit délicatement du bout des doigts, l'approcha de la bougie et y mit le feu.

— Et d'une! s'écria-t-il en riant.

Plusieurs autres lettres eurent en un

instant le même sort. Pendant cette opé-
ration, Chemillé, debout derrière la
chaise de Félix de Pons, suivait d'un œil
inquiet tous les mouvemens de celui-ci,
et à chaque lettre que la flamme dévorait
sa respiration devenait moins pénible,
sa physionomie prenait une teinte moins
blafarde.

— Parbleu ! dit de Pons à Clara au
moment où il approchait une nouvelle
lettre de la bougie : convenez, mademoiselle, que vous me faites jouer un singulier rôle et que je me conforme à votre caprice de la manière la plus docile du monde.

— Cela est vrai, répondit Clara ; mais
c'est un dévouement dont on vous saura
gré. Du reste, il touche à sa fin. Encore
six lettres et vos fonctions sont termi-
nées.

—Pour le coup, reprit de Pons, en voici une qui exhale un parfum divin. Et puis, comme c'est élégamment plié! A coup sûr, les grandes dames de la Chaussée-d'Antin ne donnent pas à leurs lettres d'amour cette tournure fine, distinguée, et je parierais bien que celles-ci viennent de l'autre côté de l'eau. Bravo! mon cher Edouard! Est-elle duchesse ou marquise?

— Ni l'une ni l'autre, répondit Chemillé en balbutiant.

Tout-à-coup, au moment où il se croyait délivré de tout sujet de crainte, une horrible frayeur s'empara de lui et fit refluer son sang vers le cœur.

Clara venait de donner l'avant-dernière lettre à Félix de Pons. Or, quelques mots se trouvaient écrits sur la partie extérieure de cette lettre.

— Voilà qui est drôle! dit de Pons en les voyant. Je parierais que cette écriture ne m'est pas inconnue.

— Vous vous trompez, reprit Edouard ; ne savez-vous pas, d'ailleurs, que toutes les écritures de femmes se ressemblent maintenant.

— Vous avez raison, et cela est si vrai que si l'on disait à un mari de chercher une lettre d'amour de sa femme parmi d'autres lettres d'amour des amies, des camarades de pension de sa femme, il lui serait impossible de la reconnaître à l'écriture seule.

— Et c'est fort heureux, poursuivit Clara, en jetant un regard à la dérobée sur Chemillé dont l'anxiété était arrivée au plus haut degré et qui attendait la fin de cette scène dans une inquiétude inexprimable.

— Enfin ! s'écria Félix de Pons en se levant. La dernière est brûlée. Mademoiselle Clara n'a pas d'autre service à nous demander?

— Adieu, messieurs, dit celle-ci en les accompagnant jusque sur la porte du salon. Monsieur Chemillé, continua-t-elle, je me plais à croire que vous ne me garderez pas rancune. Il est des circonstances où l'on doit s'estimer heureux de se débarrasser d'une maîtresse avec quelque argent, surtout quand cet argent doit recevoir une noble et sainte destination.

— Vingt mille francs ! dit Félix de Pons en fredonnant. *It is dear, my dear.*

— Demandez à M. Chemillé si c'est trop cher, répondit Clara. Et se penchant vers l'oreille d'Edouard au moment où il allait sortir, elle lui dit à voix basse :

Comment trouvez-vous ma vengeance, monsieur? *A bon chat, bon rat*, dit le proverbe.

VI

Au même instant Cadillac entra chez Clara. Il avait rencontré Chemillé et de Pons dans l'escalier.

En le voyant, Clara alla au-devant de lui, l'embrassa comme une folle, et le conduisant devant la table, lui montra le billet de vingt mille francs que Chemillé venait de lui souscrire.

— Vingt mille francs ! ma fille possède vingt mille francs ! disait-elle en sautant et en battant des mains. Ma fille sera riche, heureuse, indépendante. Elle aura des maîtres de dessin et de piano, et elle ne sera ni figurante, ni danseuse de l'Opéra. Est-ce du bonheur ? Et c'est à vous, mon cher Cadillac, que ma fille devra tout cela !

—A moi ? dit le jeune peintre ; que voulez-vous dire ?

— Sans doute. Vous vous souvenez de l'amazone avec laquelle vous avez vu M. Chemillé se promener un soir au bois de Boulogne ? eh bien ! cette amazone c'était la maîtresse de M. Chemillé. Quand

j'ai su cela, je me suis fâchée ; je l'ai me-
nacé de tout dévoiler au mari, vous comprenez? Alors, M. Chemillé m'a signé ce
billet de vingt mille francs, et je lui ai
défendu de chercher à me revoir jamais.

— Il serait possible? M. Chemillé ne
reviendra plus chez vous ! s'écria Cadillac qui n'avait compris que cela dans
les explications, à la vérité fort incom-
plètes, que Clara venait de lui donner. Eh
bien ! tant mieux ! car voyez-vous, cet
homme - là, du jour où j'ai su qu'il
vous rendait malheureuse, je l'avais pris
en haine, je l'exécrais, et sans la crainte
de vous causer du chagrin, je l'aurais
assassiné sans pitié.

— Monsieur ! dit Clara, s'apercevant
avec effroi que le malheureux artiste

l'aimait avec plus de violence que jamais,
Vous exposer ainsi pour moi!

Mais Cadillac l'avait devinée.

— Oh! mon Dieu! mon Dieu! dit-il
d'une voix entrecoupée par les sanglots
et en cachant sa tête dans ses mains.
Vous me détestez donc toujours? Vous
ne voulez donc pas être ma femme?
Vous ne voulez donc pas que je devienne
le père de votre fille?

— Eh quoi! dit Clara, malgré la faute
que j'ai commise? Non, non; vous ne
tarderiez pas à vous en repentir.

— Jamais! répondit Cadillac en tombant à ses genoux. Depuis le jour où je
vous ai vue encore enfant chez votre
tante, depuis ce jour j'ai pensé à vous,
je vous ai toujours aimée, et je sens là
que je n'aimerai que vous.

— Et moi, dit Clara en le relevant, je ne consentirai jamais à ce que vous me proposez, parce que vous êtes meilleur que moi, parce que je ferais le malheur de votre existence, et que je ne saurais pas vous aimer comme vous avez rêvé d'être aimé. Cadillac, mon bon Cadillac, ne le voyez-vous pas? Tout ce qu'il pouvait y avoir d'honnête et de bon dans ma nature est vicié. Maintenant, il me faut une vie facile, élégante, somptueuse, tous les luxes de la vie parisienne; maintenant, je suis une femme aussi pervertie que toutes les femmes du monde où je vis. Oui, je vous le jure de nouveau et avec plus de vérité que jamais, j'ai de l'amitié, une amitié vraie et profonde pour vous, et c'est pour cela même que je ne veux pas être votre femme.

—Adieu donc, mademoiselle Clara, dit Cadillac en essuyant ses larmes. Adieu pour toujours.

— Adieu! adieu monsieur Cadillac, répondit Clara ; je vous le répète, fuyez-moi, puisque vous ne pouvez vous empêcher de m'aimer; partez, éloignez-vous de Paris. Et quand vous reviendrez, ne demandez pas à me revoir; car, je le sens; un horrible démon me pousse, et Dieu seul sait à quelle distance de l'abîme j'aurai la force de m'arrêter, si je ne roule pas jusqu'au fond.

En parlant ainsi, elle ouvrit les bras à Cadillac qui s'y précipita et ils s'embrassèrent étroitement.

Mais bientôt Cadillac, s'en arrachant avec effort, lui dit un dernier adieu et s'empressa de sortir. Restée seule, Clara se laissa tomber sur un fauteuil, en murmurant ces mots d'une voix émue : Pauvre garçon ! c'est celui-là qui m'aurait aimée !

M. ÉMILE SOUVESTRE

LES INFINIMENT PETITS.

Midi venait de sonner à l'horloge de la grande église de Stuttgard, lorsqu'une chaise de poste s'arrêta devant l'hôtel du *Grand Mogol*. Il en descendit un jeune homme de bonne mine, cravaté avec soin

et ayant l'air joyeux d'un écolier en va-
cances. C'était M. Sigismond de Walknaër, aimable gentilhomme du duché de
Bade, auquel ses parens avaient laissé,
à défaut d'argent, beaucoup de goût pour
en dépenser.

Malheureusement le sort ne l'avait
point protégé jusqu'alors. Il avait long-
temps langui dans un petit emploi qui
lui permettait à peine de porter des
manchettes une fois par semaine, et d'a-
cheter deux chapeaux par an ; mais enfin
la fortune s'était lassée de lui être contraire, et il arrivait à Stuttgard avec l'espérance d'y trouver une position plus
brillante.

L'hôtelier le conduisit, après force sa-
lutations, à une petite chambre élégante
où il y avait des rideaux de soie, des bougies et un tire-bottes. Sigismond comprit

qu'il était descendu dans un hôtel du meilleur ton, et par conséquent fort cher.

— A la garde de Dieu! dit-il en ôtant son chapeau. Après tout, ma position va changer; il faut que je m'habitue à vivre comme un homme bien né.

Tout le monde sait qu'un homme bien né, est celui pour qui la société fait beaucoup et qui fait pour elle le moins possible; la considération publique nous étant acquise ici-bas, juste en raison inverse de notre utilité.

Sigismond qui éprouvait encore l'agitation du voyage, ouvrit sa fenêtre pour respirer plus à l'aise. En se penchant, il aperçut au balcon de la maison voisine une jeune fille qui sourit à sa vue. Sigismond avait reçu une trop bonne éducation pour ne pas comprendre une pareille avance : il passa la main dans ses cheveux, se redressa sur sa cravate, et salua. L'inconnue rendit le salut... Sigismond enhardi fit signe qu'il la trouvait charmante; elle éclata de rire; enhardi de nouveau il lui envoya un baiser; la jeune fille ferma la fenêtre.

— Bon, dit notre héros, elle s'en va, preuve que je l'intéresse; voilà un commencement d'aventure. D'honneur! Stuttgard me plaît déjà et je serai heureux de l'habiter.

Le dîner ne devait être servi que dans une heure, il voulut employer ce temps à parcourir la ville, à en prendre possession. Il trouva les rues pleines de gens qui retournaient chez eux ou qui se promenaient afin de gagner de l'appétit. Les jeunes filles parcouraient les promenades en criant tout haut pour se faire remarquer; les enfans, revenus de l'école, tourmentaient les chiens, ou habillaient des poupées sur les seuils, et les commerçans, interrompant leurs calculs, arrosaient, à leurs balcons, des pots de giroflées.

Sigismond prenait un plaisir singulier à tout ce mouvement.

— Quelle joyeuse activité! se disait-il; tout le monde a l'air de vivre ici pour s'amuser. Que j'aime ce bruit et cet air de fête! Je l'ai toujours pensé, il n'y a que les grandes villes où l'on comprenne la vie.

Il ne pouvait se lasser de regarder la foule qui passait. Il lui semblait déjà connaître tous ces gens qui allaient devenir ses concitoyens. Il répétait tout bas leurs noms qu'il lisait sur les enseignes, il se sentait près de les saluer et de s'informer de leur santé.

Il continua à marcher, ainsi livré à ses heureuses rêveries et abandonnant au hasard le soin de le ramener à l'hôtel du *Grand Mogol*. Il fut servi à souhait, car il se trouva, après une assez longue promenade devant la porte même de l'auberge.

Au moment où il rentra, on allait se mettre à table. Il reconnut, parmi les convives, un de ses anciens compagnons de gymnase, Antoine Belleman. Les deux jeunes gens se tendirent la main et s'assirent l'un à côté de l'autre, en s'informant réciproquement du motif de leur voyage à Stuttgard.

— Je viens pour y occuper une place, dit Sigismond.

— J'y venais dans le même but, répondit Belleman; mais j'ai perdu tout espoir.

— Pourquoi donc?

— La place que j'ambitionnais dépend du président.

— C'est comme la mienne.

— Je viens de le voir; il m'a déclaré qu'il se présentait un concurrent ayant des droits incontestables, et qui me serait préféré.

— Et le connais-tu?

— Je n'ai pu savoir son nom. C'est un jeune homme qui a écrit, m'a-t-il dit, plusieurs mémoires sur l'administration.

— Vraiment?

— Un docteur en droit.

— Fort bien.

— Et qui de plus est parent du général Swurberg.

— C'est cela! s'écria Sigismond, en

frappant joyeusement la table de ses deux poings.

— Tu le connais? demanda Belleman.

— Pardieu... c'est moi...

Antoine fit un bond en arrière, en poussant une exclamation de surprise.

Sigismond réprima aussitôt sa joie pour prendre un air modeste.

— Pardon, mon pauvre ami, dit-il, je suis désolé d'être la cause de ton désappointement; mais cette place m'était promise depuis long-temps; j'y avais des droits, comme on te l'a dit.

— Et tu es le neveu du général Swurberg? ajouta Belleman.

— Il faut bien être le neveu de son oncle, répondit Sigismond d'un air spirituel et dégagé. Du reste, mon cher, sois sans inquiétude; j'espère acquérir quelque influence sur le président; la première place de conseiller vacante te sera réservée.

Le dîner venait de finir; Sigismond qui sentait l'espèce de générosité que donne toujours une victoire remportée, ne voulut point abandonner Belleman à la tristesse de sa défaite; il demanda à l'hôtelier le chemin de la promenade la plus fréquentée, prit Antoine par le bras et sortit avec lui.

Cependant celui-ci ne se prêtait qu'a-vec répugnance aux avances de son heu-reux rival. Il trouva la promenade mal plantée, les femmes laides et le temps sombre. Le vrai soleil des hommes n'est pas au ciel, mais dans leur cœur: C'est la joie!

Lorsqu'ils furent arrivés sur une élé-vation d'où Stuttgard apparaissait dans toute son étendue, Sigismond s'arrêta et jeta un cri d'admiration ; son compagnon haussa les épaules avec mépris.

— J'ai toujours détesté l'aspect d'une grande ville, dit-il ; qu'est-ce que cela ? une ruche sans miel ; une fourmillière où l'on se donne beaucoup de mal pour rien... Mais la vie humaine est ainsi faite, c'est partout l'action sans but ! l'eau court, le vent passe, l'oiseau vole, l'homme vieillit ; où tout cela va-t-il ?... au néant sans doute... et quelle loi gouverne tout ce mouvement ?... le hasard..... Il y en a qui arrivent sans partir... d'autres qui partent toujours et n'arrivent jamais... les heureux ont des pères ou des oncles qui leur gardent une place dans la vie, comme au théâtre, et les misérables qui font queue sous le vent et la pluie au bureau du destin, arrivent quand il n'y a plus de billets.

Sigismond se sentit blessé de cette espèce d'allusion à ce qui leur était arrivé.

— La première condition pour avoir une place est d'y avoir droit par ses talens, répondit-il sérieusement; mais les pauvres d'esprit sont comme les pauvres d'argent; payer, leur paraît une injustice.

Et comme il vit que Belleman allait se blesser.

— Au reste, ajouta-t-il, en souriant; pourquoi parler philosophie après dîner? à demain les affaires sérieuses! Digérons comme de loyaux Allemands, en regardant les nuages pour avoir l'air de penser. Peut-on se plaindre de la société ou de la vie quand on sent cette brise chargée de parfums, quand on entend ce murmure du fleuve et des feuillages?.. Il n'y a ni heureux, ni misérables dans le monde, Belleman ; toutes conditions sont égales, car toutes sont également esclaves de la misère ou de la vanité. Le riche, a besoin de l'admiration du pauvre, le puissant, de l'approbation du faible. Regarde ces femmes charmantes qui passent, et bien, c'est pour nous qu'elles veulent être belles ; ce somptueux équipage n'a été doré que pour chercher nos yeux ; ces laquais sont habillés en velours non pour eux, mais pour nous ; ce vieux gentilhomme lui-même qui vient de ce côté, en se tenant si mal à cheval ne s'expose à se casser le cou que pour nous plaire.

Un cavalier d'un âge mur et d'une toilette recherchée, venait en effet de paraître sur la promenade. Il était aisé de voir au premier coup-d'œil que sa monture n'ignorait aucune de ces gentillesses qui fournissent à un cavalier, vingt fois par minute, l'occasion de se jeter par terre. Elle marchait en piaffant, en tournant sur elle-même et en mâchant son mors, fort occupée de faire autant de pas en arrière qu'en avant, ce qui est la dernière perfection dans l'éducation d'un cheval de manège. Le vieux cavalier tâchait, quoique mal à l'aise, de prendre une pause de centaure.

Belleman s'arrêta pour le regarder de loin.

— Ne croirait-on pas voir une paire de pincettes à cheval? dit-il. Il faut que ce soit un bien grand seigneur pour avoir le droit d'être si ridicule.

— En effet, observa Sigismond; tous les promeneurs le saluent avec déférence et les dames lui adressent d'aimables sourires.

— Lâches flatteurs, murmura Belleman; si c'était un meunier ils le montreraient au doigt. Le voilà qui parade maintenant devant ce carrosse; ne dirait-on pas le *clown* d'une troupe d'écuyers forains? j'ai envie de le siffler.

— Tais-toi, il vient vers nous; c'est un homme important car il a plusieurs décorations.

—Pardieu! je veux le voir de plus près, ne fut-ce que pour lui rire au nez. Il ne sera pas dit qu'une telle caricature aura passé impunément sous les yeux d'un homme libre.

— Prends garde à ce que tu vas faire, Belleman! s'écria Sigismond.

—Je ne suis pas fonctionnaire public

moi, répondit Antoine, je puis avoir une opinion.

En prononçant ces mots, il descendit à grands pas la butte verdoyante et vint se placer sur le bord de l'allée que suivait le cavalier; mais tout-à-coup, Sigismond le vit s'arrêter, faire un pas en avant et saluer humblement le vieux gentilhomme. Dans ce moment, le cheval fit une volte subite, s'accula à un arbre et le chapeau du cavalier vola au loin, emporté par le vent. Belleman se précipita à sa poursuite, le manqua trois fois et finit enfin par l'attraper. Il le brossa soigneusement avec la manche de son habit, courut à l'homme ridicule et le lui remit en s'inclinant.

— Que diable fait-il donc? se dit Sigismond.

Et, curieux de connaître la cause de

ce prompt changement, il voulut gagner l'allée ; mais le cavalier venait de quitter la promenade et Belleman l'accompagnait toujours tête nue.

Sigismond revint à l'hôtel sans pouvoir rien comprendre à ce qu'il venait de voir. Comme il allait passer le seuil de la porte-cochère, il aperçut sa jeune voisine qui rentrait également ; il demanda son nom à l'hôtelier.

— Cette petite, monsieur, répondit-il en branlant la tête, s'appelle Rose Schöffer.

— Et que fait-elle ?

— C'est une demoiselle... une demoiselle libre comme on dit. Telle que vous la voyez, avec ses grandes paupières baissées et ses mitaines noires, il lui a déjà fondu plus d'un héritage entre les mains. Elle est venue habiter près de mon hôtel parce que je reçois beaucoup de jeunes Anglais qui voyagent pour leur instruction.....

Sigismond se sentit attristé par cette découverte, il résolut de ne plus ouvrir sa fenêtre et de ne plus envoyer de baisers à travers la rue.

La nuit commençait à venir, il monta dans sa chambre, fit allumer les bougies et se mit à composer une ode latine, en vers, genre d'exercice qu'il avait substitué, depuis quelque temps, à la tapisserie.

Cependant l'ennui ne tarda pas à le prendre : il se leva, s'approcha sans y penser de la fenêtre, et se mit à ternir les vitres de son haleine pour y écrire ensuite son nom. Il avait déjà ainsi paraphé tous les carreaux placés à sa portée, lorsqu'un bruit de voix frappa son attention. Il entr'ouvrit doucement la croisée et avança la tête..... Un homme, qu'il reconnut à sa tournure pour le cavalier ridicule qu'il avait remarqué à la promenade, était debout devant la porte de sa jolie voisine, suppliant à demi-voix la vieille servante de lui ouvrir; mais celle-ci le refusait.

—Vous savez bien, disait-elle, que mademoiselle ne veut pas vous voir.

— Je lui donnerai tout ce qu'elle voudra, Marthe.

— Inutile, monsieur, elle n'aime pas les nez qui sentent le tabac à ce qu'elle dit; et puis vous n'êtes pas de la même opinion; mademoiselle est pour la révolution française.

— Marthe, répétait le vieux gentilhomme, ouvre-moi, je te donnerai dix ducats.

- Ne me tentez pas, et retournez chez vous ; c'est y pas une honte de voir un homme d'âge tourmenter comme ça des jeunesses ; ça veut encore casser des noisettes quand ça n'a plus de dents.

A ces mots la vieille femme se retira en grommelant. Le solliciteur l'appela, de nouveau, deux ou trois fois, mais inutilement.

Il descendit enfin une marche du perron, puis s'arrêta : évidemment, il ne pouvait se résoudre à partir. Sigismond entendait chez sa voisine des chuchottemens et des rires étouffés. Tout-à-coup, une fenêtre s'ouvrit vis-à-vis la sienne, Rose s'avança doucement tenant à la main un vase d'agathe, où baignait un bouquet de réséda ; le visiteur éconduit leva la tête.

— Rose ! murmura-t-il.

Une pluie d'eau et de fleurs l'empê-
cha d'en dire davantage.

Sigismond ne put retenir un éclat de
rire. Le vieux monsieur se détourna et
l'aperçut à la croisée.

— C'était un tour arrangé, gromme-
la-t-il.

Et, rasant les murs d'un pas honteux,
il disparut dans l'obscurité.

Cependant Sigismond ne profita point
de l'occasion pour lier conversation avec
Rose. Celle-ci lui lança en vain de douces œillades; sa prochaine dignité de
conseiller l'obligeait à avoir des mœurs;
puis il se sentait envie de dormir! il referma sa fenêtre.

— Une courtisanne... se dit-il dédaigneusement en tirant sa cravate et cher-
chant son foulard de nuit; une courtisanne!... fi!... je les ai toujours détestées.

Faire commerce de sa beauté!... horreur!...cette petite me paraît hideuse depuis que je sais la vérité. Je voudrais répondre à ses agaceries que je ne le pourrais... c'est tout simple ; quand on a une certaine délicatesse de principes..... et j'ai toujours eu des principes...

Il s'endormit en murmurant ces mots.

La nuit fut pleine pour lui de songes heureux. Il rêva qu'on le nommait président, puis qu'il épousait une princesse allemande lui apportant, en dot, une armée de trois hommes et le droit de nommer un demi-député à la diète.

A peine fut-il éveillé, le lendemain, qu'il courut à sa fenêtre pour savoir le temps qu'il faisait; (Sigismond tenait au beau temps comme un baromètre); il trouva le soleil levé et sa voisine aussi. Elle cousait une paire de gants, à sa croisée, en fredonnant une ballade de Burger.

A la vue de Sigismond, elle rougit d'abord en souriant, puis sourit en rougissant. Le futur conseiller qui pensait encore à sa princesse, salua sèchement: Rose baissa la tête d'un air triste.

Il referma la croisée pour se mettre à sa toilette. Le président recevait de bonne heure, comme tous les gens en place, afin de se donner l'air actif. Le jeune homme s'habilla donc en toute hâte, plaça la lettre du général dans la poche de son gilet, à gauche, afin de l'avoir sous la main, et se fit conduire.

Il fut d'abord frappé de la magnificence de l'hôtel dans lequel il entra. Les hautes fenêtres, les larges escaliers, les immenses vestibules, tout annonçait la puissance et la richesse. Sigismond se sentit intérieurement saisi de respect pour un homme si bien logé. Son assurance diminuait à proportion de la grandeur des appartemens qu'il traversait, et il finit par trembler en se trouvant dans une salle toute tapissée de soie et garnie de fauteuils de velours.

Il remit cependant la lettre du général ; on le pria d'attendre que Sa Grâce eut fini sa toilette.

Une fois seul, Sigismond parcourut l'appartement, d'abord du regard, puis d'un pas furtif. Il regarda, sans les voir, toutes les gravures qui décoraient les murs, prit du tabac, sans s'apercevoir que sa tabatière était vide, et consulta sa montre bien qu'il ne fut l'heure de rien du tout : enfin il s'assit, pour repasser dans sa mémoire les complimens qu'il avait arrangés ; notre héros se piquait de connaître le monde et de savoir plaire au besoin.

— Tous les hommes se ressemblent pensa-t-il ; prenez beaucoup de vanité, autant d'égoïsme, quelques qualités de hasard, le double de vices déguisés en vertus ; mêlez bien le tout et vous aurez indifféremment un roi ou un savetier. Le plus sûr moyen de réussite est de se montrer humble et de faire valoir celui qui vous protège. Il n'y a qu'à laisser parler les gens pour qu'ils vous trouvent de l'esprit. Il faut flatter pour arriver, c'est une loi sociale tout aussi bien que de subir un examen pour être vétérinaire. Que m'importent, après tout, quelques mensonges polis adressés au président ? il est moins désagréable de mentir que d'avoir un cautère, et je m'en serais fait mettre aux quatre membres pour devenir conseiller. Le président a des faiblesses, tant mieux, ce seront autant de crampons qui m'aideront à monter.

Comme il achevait ce monologue, une porte s'ouvrit, et il vit paraître une robe de chambre verte.

—Sa Grâce! cria un domestique.

Le jeune homme et le président firent un pas l'un vers l'autre... mais tous deux reculèrent en même temps. Sigismond venait de reconnaître le vieux solliciteur repoussé la veille par Rose Schöffer, et le président, l'étranger qui avait ri de sa mésaventure.

Il y eut un moment d'embarras pour tous deux; enfin le président recouvra sa présence d'esprit, et prenant un ton de dignité froide.

— C'est monsieur que le général me recommande? demanda-t-il, en montrant la lettre qu'il tenait négligemment à la main.

— Moi-même, répondit Sigismond tout tremblant.

— Monsieur a des droits sans doute?

Le jeune homme le regarda avec étonnement.

— Sa Grâce doit avoir vu dans la lettre du général... balbutia-t-il.

— En effet, je me rappelle... il parle de mémoires sur l'administration!... mais qui n'en écrit pas aujourd'hui?.. un titre de docteur!... tout le monde l'a... Cependant je verrai... je désire être utile à une personne recommandée par le général... venez me revoir... plus tard.

En parlant ainsi, Sa Grâce reconduisait agréablement Sigismond vers la porte. Celui-ci comprit que tout était perdu s'il n'insistait pas.

— Pardon, dit-il avec le courage du désespoir, mais le général m'avait fait espérer que la protection de Sa Grâce me serait assurée.

Le président fronça le sourcil.

—Ai-je fait quelque promesse? demanda-t-il sèchement.

— Aucune... mais le général croyait... il m'avait dit... c'est d'après son conseil que j'ai quitté l'emploi que j'occupais, espérant me fixer à Stuttgard.

— Vous y connaissez quelqu'un? demanda le président avec intention.

— Personne; je suis arrivé seulement d'hier.

— En effet, je crois avoir déjà vu monsieur.

A l'accent de rancune et de colère voilée dont ces derniers mots étaient prononcés, Sigismond comprit que tout espoir était perdu. Il fit un pas en arrière et joignit les mains.

— Oh! pourquoi ai-je vu ce que j'ai vu, s'écria-t-il.

— C'est la traduction d'un vers d'Ovide, à ce qu'il me semble, observa froidement le président.

Le jeune homme tourna trois fois son chapeau et regarda autour de lui d'un air effaré; une sueur froide baignait son front et il fit un pas pour sortir; puis s'arrêtant encore.

— Et, puis-je savoir de Sa Grâce à qui ma pl... la place de conseiller veux-je dire est destinée?

Comme il achevait cette question, la porte s'ouvrit et le laquais annonça.

— Monsieur Antoine Belleman.

Ce fut un trait de lumière pour le président.

Voilà ma réponse, dit-il, en montrant Belleman.

Celui-ci s'arrêta stupéfait.

— Moi, conseiller!... s'écria-t-il.

— Je n'ai point voulu vous l'annoncer hier quand j'ai eu l'honneur de vous rencontrer à la promenade; la chose n'était pas encore décidée; mais depuis, les droits de chacun ont été mieux établis.

— C'est juste, pensa Sigismond, il lui a ramassé son chapeau; moi, j'ai ri du verre d'eau qu'on lui avait jeté. O lâcheté et dépravation!... et voilà ce qu'on appelle une société?...

La porte était ouverte, il prit son chapeau à deux mains et s'élança dans l'escalier, puis dans la rue.

Cependant une fois au grand air il ralentit le pas afin de se reconnaître. Il avait un poids horrible sur la poitrine;

il se sentait à la fois furieux et humilié,
il eut voulu pouvoir décharger sur quelqu'un la douleur qui l'oppressait ; il lui
semblait que son entretien avec le président était écrit sur son front !

Il traversa ainsi les rues, les places,
les carrefours, jetant aux passans et aux
maisons un regard furieux ; dans ce moment Stuttgard lui parut affreux.

— Quel bruit ! murmura-t-il, quel dé-
désordre !... pourquoi tous ces paresseux
dehors... on ne travaille donc point ici ?...

Et sa pensée se reportant vers sa pro-
pre aventure.

— Au fait à quoi bon?..., ajouta-t-il,
ne suffit-il pas pour réussir dans ce pays
de ramasser les chapeaux des grands
seigneurs ? O ville d'injustice et de dé-
bauche, Sodôme wurtembergeoise tu
n'as de récompense que pour les flat-

teurs... ville maudite, je secoue sur toi la poussière de mes souliers.

Comme il achevait cette imprécation, il fut rejoint par son heureux concurrent.

Belleman avait pris à son tour l'air joyeusement compassé et l'accent de condoléance triomphale que Sigismond avait la veille.

— Eh bien! dit-il, mon pauvre ami, je m'étais trompé, il paraît qu'en défini·tive mes titres ont été reconnus.

— Il s'agit bien de titres, répondit Sigismond; la faveur ne décide-t-elle point de tout ici-bas.

— Vous pensiez autrement hier, et, de votre aveu il n'y avait que les pauvres d'esprit....

Il n'acheva point, mais Sigismond se mordit les lèvres de dépit.

— Du reste, ajouta Belleman avec une dignité pleine de grâce, vous pouvez compter sur moi; le président me veut du bien, et lorsqu'il mourra un autre conseiller....

Walknaër n'en écouta pas davantage, il lança à Antoine un regard de dédain et lui tourna le dos.

Cependant sa marche désespérée à travers les rues de Stuttgard l'avait fatigué; il regagna l'hôtel et monta dans sa chambre, où il commença, en attendant le souper, des réflexions philosophiques sur ce qui lui était arrivé.

— Après tout, se dit-il, pourquoi me désoler? Ma douleur fait la gloire du président; c'est un hommage rendu à son pouvoir; en m'affligeant je me fais le complice de sa vengeance. Mon avenir est compromis, il est vrai; je suis sans place, sans ressources, et, une fois mon mémoire payé au *Grand-Mogol*, il me restera tout juste de quoi acheter une corde et un clou pour me pendre; mais il est de ma dignité de supporter ces contrariétés sans chagrins et sans plaintes. Sa Grâce me croit sans doute maintenant couché avec une fièvre d'espoir rentré et prenant du tilleul pour me calmer les nerfs, eh bien! je veux le narguer en passant une joyeuse soirée.

Et tirant le cordon de la sonnette avec la résolution d'un millionnaire.

— Qu'on me serve à souper! cria-t-il au garçon qui entra. Du Madère, une bouteille de Chypre et ce que vous aurez de plus délicat; allez.

Il ranima ensuite le feu du poêle, ferma ses rideaux et alluma quatre nouvelles bougies.

Les valets reparurent bientôt, portant une table garnie, et Sigismond se mit à souper.

Dès le premier service, ses idées devinrent plus riantes; il trouva qu'en y pensant bien la perte d'une place de conseiller n'était pas irréparable et qu'il pourrait en obtenir une autre aussi avantageuse et moins pénible. Au second service, il se réjouit d'avoir été refusé par le président et de n'avoir pas engagé, par lés liens d'un emploi subalterne, un avenir réservé aux plus hautes destinées. Enfin, au dessert, il se crut prince d'un palais enchanté, où des génies dociles étaient chargés de satisfaire tous ses desirs! Le vin avait accéléré le mouvement de son sang. Son cœur était plus léger; les murs s'agitaient autour de lui et le plancher se balançait doucement sous ses pieds comme un hamac. Il plaisanta avec le garçon qui parut ravi de son esprit, lui demanda si la soirée était belle, vida son dernier verre de Chypre et sortit en prenant toute la largeur de l'escalier.

Le ciel était pailleté d'étoiles. Sigismond promena autour de lui des regards charmés. Jamais une ville ne lui avait paru si belle au clair de lune : toutes les maisons lui semblèrent éclairées comme pour une fête; la joie et la bienveillance se respiraient dans l'air!.... Il salua avec beaucoup de politesse quelques passans qu'il n'avait jamais vus, s'arrêta sur le pont pour rire d'une petite barque attachée à un banc de laveuse, et finit par entrer dans une barraque de marionnettes où il siffla le paillasse et se moqua de l'aboyeur.

Il en sortit bientôt pour continuer sa promenade le long des remparts ; mais le grand air ne tarda pas à dissiper, en partie, l'espèce de vertige heureux dans lequel il était plongé. Sa joie devint plus calme et par conséquent mieux sentie. Les contours des différens objets ne se confondaient plus à ses yeux : il ralentit le pas et recommença à se parler à lui-même.

—On a calomnié le vin ! se dit-il avec exaltation ; après le christianisme, c'est le plus beau présent que Dieu ait fait à la terre. Le vin n'est point ce que croit la foule, ni ce que disent les chimistes ; le vin c'est le soleil devenu liquide ; c'est le beau ciel et la vivifiante température des pays de la lumière, expédiés en tonneaux dans nos climats du Nord !.... O céleste dictame ! c'est toi qui ranimes les cœurs abattus et qui transformes les cerveaux vulgaires en salles de bal, où s'agitent mille douces visions, mille fées aux danses ravissantes.

Tout en parlant ainsi, Walknaër avait repris le chemin du *Grand-Mogol*.... Il crut reconnaître la porte cochère et frappa. Une fenêtre s'ouvrit, une tête de femme s'avança, puis disparut, et presqu'au même instant, un bruit de pas se fit entendre sur l'escalier; une vieille femme lui ouvrit.

Sigismond, tout occupé de son dithyrambe sur le vin, monta sans regarder et, avant qu'il eûteu le temps de se reconnaître, il se trouva dans une chambre qui n'était pas la sienne et vis-à-vis de Rose Schöffer.

Faire des excuses et dire que l'on s'était trompé eut été d'un homme sans éducation. La vieille avait disparu : Sigismond s'avança vers la jeune fille qui lui fit gracieusement place sur le sopha où elle était assise.

— Ma foi, pensa Sigismond, c'est couronner dignement une soirée de plaisir *post Bacchum, Venus.*

Et, passant un bras autour de la taille de Rose, il voulut mener de suite à fin l'aventure ; mais il trouva chez la jeune fille plus de réserve qu'il n'en attendait.

— Je ne me donne point pour une Lucrèce, dit-elle en se dégageant ; j'aime le plaisir, mais sans grossièreté. Si ma porte vous a été ouverte, c'est que vous m'avez plu au premier coup-d'œil.

Sigismond remercia.

Votre hôtellier vous a reçu avec mille politesses parce qu'il espère gagner avec vous ; moi je vous reçois parce que vous êtes jeune et à mon gré. Il veut vous dépouiller, je ne veux que vous être agréable ; lequel trouvez-vous le plus honnête de nous deux ?

— Vous, incontestablement, ma charmante, dit Sigismond en prenant les mains de la jeune fille et admirant leur élégance.

— On vous a dit sans doute beaucoup de mal de moi, ajouta-t-elle ; je l'ai bien vu à la manière dont vous m'avez saluée la dernière fois.

— Je n'en crois pas un mot, répliqua Sigismond dont les yeux venaient de tomber sur un petit pied à demi déchaussé.

— J'ai long-temps essayé d'être honnête fille, continua Rose, aussi Dieu sait combien j'étais malheureuse !... Les propriétaires me chassaient parce que je ne pouvais payer mon loyer ; les boulangers me disaient des injures et les jeunes gens riaient de ma toilette fanée. J'étais méprisée et repoussée de tous. Ma foi, je me suis mise alors à faire des réflexions ; je me suis dit que dans un pays civilisé, tout le monde avait probablement droit de vivre, et que puisque le travail d'une femme n'atteignait pas ce but, c'est que la femme était née pour tout autre chose que pour travailler. J'ai pensé ensuite que, puisque les grands seigneurs tiraient parti de leur rang et de leur fortune, nous autres, pauvres créatures, nous pouvions bien tirer parti de notre beauté, le seul bien que nous eussions reçu de notre naissance.

— Parfaitement raisonné ! s'écria Sigismond, lorgnant un cou d'une blancheur éblouissante.

— Et cependant il y a des gens qui me blâment! dit la jeune fille en regardant en dessous.... Des gens qui ne voudraient point de mon amour...

— Ce sont des hypocrites ou des insensés! s'écria Sigismond dont le regard continuait l'inventaire commencé; ils n'ont jamais étudié la femme... en philosophes, ni réfléchi à ses destinées sociales. Vos pareilles étaient respectées en Grèce, Rose; c'était chez elles que se faisaient les cours de morale. Et pourquoi, comme vous l'avez fort bien dit, la beauté ne servirait-elle à rien dans ce monde, alors que nous nous faisons une ressource de tous les autres avantages naturels. Quoi! une femme pourra faire sa fortune parce qu'elle est née avec de la barbe ou avec trois jambes, et elle ne pourra profiter de ce qu'elle est belle. L'impôt que vous levez n'est-il point d'ailleurs le plus doux; les médecins, les avocats, les journalistes spéculent comme vous sur les faiblesses humaines; mais ils nous font payer des chagrins ou des ennuis, tandis que vous ne nous donnez que de la joie.

— Ajoutez que l'intérêt ne nous guide pas toujours, dit Rose; ce soir, par exemple, je vous ai vu arriver et je vous ai fait ouvrir parce que vous me plaisiez; je ne veux de vous que de l'amour, croyez-vous que je ne sois pas plus désintéressée que bien des épouses légitimes.

— Vous êtes un ange! s'écria Sigismond en la serrant dans ses bras, et je n'ai jamais rencontré de femme qui eût un esprit si élevé.

Une partie de la nuit s'écoula rapidement pour tous deux; enfin Sigismond
songea à se retirer.

— Restes-tu à Stuttgard? lui demanda
Rose.

— Hélas ! je le croyais; mais mes espérances ont été détruites et tu en es
cause peut-être.

— Comment cela ?

Il raconta tout à la jeune fille.

— N'est-ce que cela? dit-elle, j'ai toujours refusé de recevoir le président;
pour toi, je le verrai.

— Que dis-tu ?

— Tu seras nommé conseiller, je te le promets.

— Vrai ! s'écria Sigismond ; ah ! tu es mon bon génie, il n'y a que les cœurs comme le tien qui savent secourir et aimer.

Il l'embrassa transporté, et rentra à l'hôtel avec le mépris le plus profond pour les honnêtes femmes.

Le lendemain, il dormait encore, lorsqu'on vit le réveiller pour lui remettre un billet du président. Celui-ci l'invitait dans les termes les plus polis *à lui faire l'honneur* de venir déjeûner chez lui, afin qu'ils pussent *s'expliquer sur le malentendu qui avait eu lieu la veille.*

Sigismond comprit que Rose l'avait déjà servi près de Sa Grâce, et que le succès lui était maintenant assuré.

Il sauta à bas du lit, demanda un perruquier, et, tout en s'habillant, commença, selon sa coutume, un monologue philosophique.

— Ainsi, se dit-il, on va accorder cette place non à mes talens, mais aux sollicitations d'une fille de joie.... Eh bien, qu'importe? en définitive, c'est toujours à moi que je la devrai, puisque c'est mon bon air qui a séduit Rose. Les femmes sont d'ailleurs nos protectrices naturelles : enfans, nous recevons leur lait, hommes, nous leur devons les ivresses de l'amour; vieillards, nos souffrances sont calmées par leurs soins!... N'est-il pas plus honorable et plus doux de devoir sa fortune à une bonne fille qui vous plaît, qu'à une douairière que l'on épouse à contre-cœur?

Là-dessus, il courut chez le président

avec tant d'empressement qu'il se trompa
trois fois de rue et arriva après l'heure
indiquée ; mais il s'en inquiéta peu. La
veille il ne s'adressait qu'à la justice et à
la bienveillance de Sa Grâce, tandis que
maintenant il était recommandé à ses
vices : aussi ne tremblait-ils plus.

Le président s'excusa de l'avoir im-
portuné de si bon matin; il dit, qu'après
avoir relu la lettre du général, il avait
reconnu qu'il y avait eu la veille, de sa
part, méprise de personnes; il ajouta
plusieurs choses flatteuses sur les beaux
travaux publiés par Sigismond, et lui
annonça que le brevet de conseiller lui
serait expédié dans la matinée même.

On servit ensuite le déjeûner. Sigismond se montra bon convive, flattant
en homme d'esprit et approuvant tout

sans exagération; il laissa le président enchanté.

Quand à Belleman, il ne lui fut plus possible de revoir Sa Grâce, et après trente visites infructueuses, il se résigna à retourner dans son village.

Lorsque le général connut la nomination de son neveu :

— J'en étais sûr, dit-il, le président ne peut rien me refuser.

Il lui écrivit néanmoins pour le remercier, en lui envoyant une bourriche de venaison.

La jolie fille continua à vivre dans la plus parfaite harmonie avec Sa Grâce et le jeune conseiller. On vit ces deux derniers se promener ensemble à cheval dès le lendemain. Le jeune homme eut soin seulement de se tenir de travers les premiers jours, afin de recevoir des leçons du président, qui a réussi à en faire un excellent cavalier.

Quant à l'opinion de Sigismond sur les moyens de réussir, elle est demeurée invariable. — Le mérite d'un homme est son meilleur protecteur, répète-t-il sans cesse, je l'ai toujours dit et je l'ai prouvé par mon exemple.

A quoi il ajoute quelquefois : — que c'est seulement dans les principes invariables qu'on doit chercher le bonheur.

M. DE BEAUMONT-VASSY. [*]

LES APPARENÇES.

I

On venait d'achever le troisième acte
du *Lac des Fées*, insignifiant opéra, composé avec la plus charmante idée que
nous ayons jusqu'à présent empruntée à
l'Allemagne.

Le foyer commençait à se remplir; la foule avait froid et se rapprochait de la cheminée de droite auprès de laquelle je m'étais déjà installé; tout à coup j'entendis derrière moi deux voix que je crus reconnaître. J'avançai doucement la tête entre les colonnes qui me séparaient des interlocuteurs, et je vis MM. d'Hartainville et de Châteaugaillard, deux illustres du *Jokey-Club*. Qui est-ce qui a le malheur de ne pas les connaître? quel est l'infortuné qui n'a pas vu le beau d'Hartainville dominant une course, régnant sur un *steeple chase*, présidant à un important pari? quel est l'ignorant qui ne sait pas les galans exploits, les merveilleuses aventures du comte de Châteaugaillard, ce roué spirituel qui nous vient en droite ligne de Lauzun ou de Richelieu?

Ces messieurs parlaient assez haut pour que je les entendisse sans me déranger.

— Comment! dit d'Hartainville, vous ne saviez pas que ce pauvre d'Héricourt a reçu ce matin un coup d'épée dans le bras?

— Ma foi non! je ne suis pas allé au club de toute la journée; mais à quel propos ce duel! d'Héricourt ne m'a jamais paru très méchant.

— C'est avec Frédéric d'Ambert.

— Ah! fort bien! de sorte que d'Héricourt est à cette heure, comme on dit dans mademoiselle de *Belle-Isle...* battu et content. Ma foi, tant pis pour lui! Au fait, dites-moi le pourquoi de cette rencontre, d'Hartainville? est-ce que vous en étiez comme témoin?

— Non, je connais fort peu d'Héricourt; il avait pour témoins Champagnac et le général Haguernau.

—Le nom de Frédéric d'Ambert, mêlé à tout ceci, me paraît assez significatif; ses assiduités, si bien accueillies par la belle dame, auront enfin été remarquées par le mari : ce ne peut être que cela. Les maris ne voyent pas en général; cependant il y a quelques honorables exceptions.

— Tenez, voilà ce que c'est, dit d'Hartainville.

Mais alors, remarquant sans doute que la foule prêtait à leurs paroles une oreille trop attentive, ces deux messieurs s'éloignèrent sans avoir autrement satisfait ma curiosité. Du reste, j'étais à peu près certain de savoir l'aventure. Je connais intimement d'Héricourt; et d'ailleurs, le monde ne se charge-t-il pas, avec une complaisance empressée, de toutes les révélations de cette nature ? Je revins donc tranquillement à ma première place ; et, tout en bâtissant dans mon imagination un petit roman très dramatique sur le duel de mon ami, j'attendis patiemment la fin de l'entr'acte.

J'en étais encore à maudire ces femmes charmantes qui, par les conséquences d'une trop séduisante coquetterie, font du mariage un guet-apens, et du mari une victime prédestinée, lorsque la sonnette de rappel retentit dans les couloirs. Je regagnai ma loge tout en me livrant à de graves et philosophiques réflexions.

— Eh bien! que nous direz-vous de nouveau? murmura l'une des trois femmes qui occupaient le devant de cette

loge dont je n'étais que le sixième lo-
cataire.

Voyez à quel point l'habitude du monde
pervertit, à quel point ses honteuses
exigences gâtent le cœur : je fus charmé
de dire comme une importante nouvelle :

— Le comte d'Héricourt s'est battu ce
matin.

— M. d'Héricourt s'est battu? dit la
marquise de Valombray; je parie que
c'est pour cette détestable créature que
l'on nomme vulgairement madame d'Héricourt.

— Je ne sais pas précisément quel a
été le motif du duel, ajoutai-je, me renfermant dans une dissimulation pru-
dente.

On m'avait toujours parlé de la marquise de Valombray comme d'une véri-

table puritaine. Je savais que, malgré ses jolis yeux et son vieux mari, personne n'avait encore songé à blâmer sa conduite privée, ou, pour mieux dire, qu'elle n'avait jamais donné prise à la méchanceté du public. Je lui pardonnai donc sa malignité, à elle; seulement je m'observais afin de ne pas m'exposer, en lui donnant l'occasion de l'exercer, à entendre de mauvais propos sur l'intérieur de ce pauvre d'Héricourt que j'aime de tout mon cœur.

—Il est impossible, reprit madame de Valombray, que vous ne sachiez pas le motif de cette rencontre; car, dès que l'on vous aura dit: — « M. d'Héricourt vient d'être blessé, » vous aurez immédiatement demandé — par qui? pourquoi? Dites-nous plutôt que vous êtes discret, et nous vous en saurons gré comme d'une bonne action.

—Je vous donne ma parole d'honneur, madame, que j'ignore complètement le motif de ce duel. Je viens d'entendre, en traversant le foyer, quelques mots dits à voix haute par M. d'Hartainville à M. de Châteaugaillard : je n'ai pas pu rejoindre ces messieurs, et je ne sais rien de plus.

—Mais contre qui M. d'Héricourt s'est-il battu? Vous savez cela au moins.

— Oh! pour ceci, madame, je puis vous le dire : M. d'Héricourt s'est battu avec Frédéric d'Ambert.

La marquise de Volombray pâlit horriblement.

— Qu'avez-vous donc, ma chère? lui dit une de ses voisines.

— Ce n'est rien, c'est un spasme nerveux. Je suis sujette aux spasmes, dit madame de Valombray, qui n'était pas encore remise à la fin du quatrième acte.

Maintenant, voici la cause du duel de ce pauvre d'Héricourt, et le motif du spasme nerveux de madame de Valombray.

II

Dans une des rues qui avoisinent la rue Saint-Dominique, au faubourg Saint-Germain, s'élève un vaste et charmant hôtel entre une large cour et un jardin dont la petitesse a été dissimulée avec une remarquable habileté par des massifs bien disposés. Huit colonnes d'un bon goût décorent la façade de l'hôtel, et une tente en coutil vert et rouge, sert de dôme à un vestibule toujours rempli de fleurs. Cet hôtel appartient au comte d'Héricourt.

A droite et à gauche de l'hôtel, sont établies, ainsi que cela se pratique ordinairement, les écuries et les remises; mais, ce qui est peu ordinaire, même dans les meilleures maisons, c'est le soin avec lequel elles sont tenues. Le comte d'Héricourt a huit chevaux, et, quoi qu'en disent quelques anglomanes exagérés du *Jockey-Club*, ses équipages sont souvent, sinon toujours, bien attelés. Si ce résultat, tout incomplet qu'il puisse paraître, quand on considère l'importance que M. d'Héricourt y attache, et les soins qu'il donne à son écurie, si ce faible résultat, dis-je, n'était même pas obtenu, il faudrait convenir que M. d'Héricourt perd son temps d'une bien déplorable façon.

L'intérieur de l'hôtel remplit les promesses de luxe et d'élégance que l'extérieur a faites tacitement. Un escalier, dont les dalles soigneusement poncées sont d'une mate blancheur, conduit à un petit salon du premier étage. C'est là que madame d'Héricourt se tient ordinairement, le splendide rez-de-chaussée de l'hôtel n'étant ouvert que les soirs de réception. Ce petit salon, véritable chef-d'œuvre de goût, est tendu en soie gris-perle, sur laquelle des torsades d'un rose vif ressortent à merveille ; les portières sont en étoffe rose à grands ramages ; les meubles et les ornemens sont dans le style Louis XV. Sur la cheminée, à droite et à gauche d'une pendule qui a peut-être appartenu à madame de Pompadour, des amours bouffis soutiennent des candélabres d'une élégance parfaite. Des sofas somptueux et des fauteuils à la Voltaire complètent avec des meubles de Boule et des figurines chinoises, ce délicieux ameublement, qui n'attend qu'un Balzac pour être dignement inventorié.

Vers la fin de l'hiver 1859, madame d'Héricourt était assise avec son amie, madame d'Arbelle, sur un large divan placé en face de la cheminée, mais assez éloigné d'elle pour que la chaleur du feu produisit à peine l'effet des premiers rayons d'un pâle soleil de printemps. Ces deux femmes, assises l'une à côté de l'autre, contrastaient comme le feraient deux oiseaux d'un différent plumage posés côte à côte sur une branche. Madame d'Héricourt, très blonde, aux traits irréguliers mais piquans, aux yeux spirituels et perçans, à la physionomie mobile; madame d'Arbelle brune au teint très blanc, aux traits d'une régularité complète et d'une grande beauté, aux yeux ombragés par de longs cils, au regard plein de douceur. Ces deux femmes, dont les natures semblaient antipathiques au premier aspect, s'étaient, on ne sait comment, entendues à un tel point, qu'elles étaient devenues presque inséparables. Cela passait pour un phénomène; en était-ce un réellement? Ne pouvait-il pas y avoir quelque point de contact moral entre ces deux femmes, si dissemblables en apparence?

Madame d'Héricourt (il nous importe de bien la connaître, puisque c'est un de nos principaux personnages) paraissait jolie à la première vue; c'est à la réflexion et en détaillant son ensemble que l'on s'apercevait qu'elle n'avait pour elle que de fort beaux cheveux d'un blond cendré et je ne sais quel prestige de hardiesse qui plaît aux hommes en général. Une élégance souvent exagérée rehaussait et amplifiait les quelques dons que la nature lui avait faits; l'élégance poussée à l'extrême devient quelquefois une seconde nature, et dans ce cas, il arrive un instant où ce n'est plus la personne qui séduit, mais sa robe. D'ailleurs, je l'ai dit, c'était seulement à la réflexion que l'on s'apercevait de ce qui manquait, et il y a tant de gens qui ne réfléchissent pas!

Aussi, madame d'Héricourt avait-elle un certain nombre d'admirateurs qui, jusqu'alors, avaient tous été traités de la même manière c'est-à-dire persifflés sans aucun égard et sans aucune exception. Madame d'Héricourt avait beaucoup d'esprit, mais de l'esprit sans imagination, celui qui va toujours chercher en dehors de lui-même les alimens qui doivent le faire vivre. Elle était quelquefois méchante en paroles sans préméditation et sans arrière-pensée, tout simplement parce qu'elle obéissait à sa nature. Très souvent, cette tendance à la malignité lui avait fait des ennemis dans le monde, et ceux là n'attendaient qu'une bonne occasion pour lui rendre en médisances la monnaie de ses sarcasmes. Lorsque de charitables avis venaient éclairer madame d'Héricourt sur ces dispositions hostiles, elle disait ordinairement avec un sang-froid naïf :

— Que voulez-vous ? il paraît que je suis trop bonne pour que le monde me comprenne ; c'est ma franchise qui me perd ; je ne suis pas assez fausse pour aller dire à messieurs tels et tels qu'ils sont amusans et spirituels lorsqu'ils m'ennuient à la mort ; je ne peux pas cacher à certaines femmes que je les trouve laides lorsqu'elles le sont ; je ne suis pas faite pour la société telle qu'elle est, voilà tout, et ses jugemens ou ses vengeances ne m'inquiètent guère !

Il y avait un peu de présomption et beaucoup de vrai dans cette appréciation des choses. Seulement, on pouvait répondre à madame d'Héricourt que la franchise n'exclut pas toujours la bienveillance, et puis que le monde est bien vieux pour se réformer selon les capricieuses fantaisies d'une femme ; fût-elle la plus jolie femme de Paris.

En résumé, madame d'Héricourt, qui

était presque une *excellente* femme, était faussement jugée parce qu'elle avait le malheur de cacher ses bonnes qualités pour mieux montrer ses défauts. Or, les premières, bien plus nombreuses, l'auraient aisément fait absoudre par la majeure partie de ses détracteurs qui n'en étaient pas encore venus à ce point de romantisme où l'on aime les gens plutôt pour leurs défauts que pour leurs qualités. Ainsi, une fatalité véritable dirigeant ses actions et ses paroles, elle avait certains mérites très réels sans en retirer le moindre bénéfice. Un seul point avait jusques-là échappé aux attaques du monde : ce point était inattaquable, en effet; nous allons voir comment madame d'Héricourt rendit de ce côté la brèche praticable.

— N'est-ce pas, ma chère Clara, que la

vie est une ennuyeuse chose? disait-elle à madame d'Arbelle, en continuant de la sorte une conversation depuis long-temps commencée.

Madame d'Arbelle poussa un profond soupir et regarda le feu.

— L'existence froide, monotone et toujours heureuse, poursuivit madame d'Héricourt, ressemble par trop à ces jardins français d'autrefois, qui, dépourvus de naturel et de surprises, étalaient pompeusement leurs murailles de charmille, leurs ifs taillés et leurs statues grimaçantes, sans laisser à l'œil une seule échappée pour pouvoir admirer la campagne simple et riante qui les entourait; je l'avoue, je préfère les jardins de l'Angleterre, on y devine au moins la nature.

— Vous préférez les jardins anglais en

fait d'existence, Noëmi? dit madame d'Arbelle en souriant.

— Oui; vous savez ce que je veux vous dire, dit madame d'Héricourt en riant aussi; et, pour parler sans aucune espèce de métaphore, la vie que nous menons est une chose véritablement odieuse; pas le moindre intérêt, pas la moindre émotion !

— C'est vrai, nous ne pouvons toutes deux trembler que pour un mari qui se porte comme l'obélisque ou pour des enfans blancs et roses,

—Encore, reprit madame d'Héricourt, si, comme compensation, nous avions la permission d'être un peu coquettes et de rire aux dépens de ces messieurs qui, pour la plupart, sont si fats et si bêtes ! Mais non, cette consolation nous est même enlevée; mon mari est d'un puritanisme exagéré, et le vôtre, ma chère, c'est un tigre pour la jalousie.

— Mais non, ma chère, dit madame d'Arbelle, mon mari est assez raisonnable, et il veut tout ce que je veux.

—Ce qu'il nous faudrait, continua madame d'Héricourt, ce serait quelque innocente occupation, quelque fat sans danger, dont les soupirs incompris et les sentimens méconnus nous amuseraient jusqu'à ce qu'il s'aperçût que ses soupirs s'adressent trop mal pour obtenir jamais le moindre retour. Je voudrais, ma chère Clara, qu'un de ces beaux messieurs me fît la cour et jouât près de moi cette banale comédie, ce rôle compliqué qu'ils apprennent à bien dire et qui ne varie jamais. Oh ! je serais bien coquette, bien cruelle! mais je m'amuserais en proportion directe de ses assiduités si

regrettables pour lui et de son vain mar-
tyre.

— Moi, Noëmi, je voudrais autre chose;
ce serait..... oh ! mais vous allez rire et
m'appeler folle.....

— Non, non, dites toujours, ma chère.

— Eh bien ! ce serait un amour vrai,
bien vrai et bien profond, mais aussi res-
pectueux qu'il serait grand, un amour
modèle, un amour d'Amadis, comme les
inventait mademoiselle de Scudéri, ou
comme les comprenait Florian ; un amour
qui pût durer dix ans sans recevoir le
moindre encouragement ou le moindre
espoir.

— Est-ce que vous espérez, ma chère,
être veuve dans dix ans?

Vous riez toujours Noëmi, reprit madame d'Arbelle en faisant une petite
moue fort gracieuse, mais ce que je vous

dis là est très sérieux, j'ai pour mon mari une estime profonde et une amitié que rien n'altérera ; jamais je n'ai eu, jamais je n'aurai pour lui ce qu'on appelle de l'amour, et, fidèle à ma conscience, je ne veux en avoir pour personne ; mais je me souhaiterais un sentiment tout différent de celui qu'il m'inspire ; je voudrais aimer quelque chose ou quelqu'un un peu plus que mon mari, un peu moins que mes enfans.

— Je vous comprends à peu près, Clara, mais prenez garde ! il me semble que cet amour tourné au spiritualisme peut vous entraîner plus loin que vous ne le voudriez bien.

— Non, ma chère, je suis trop sûre de moi pour rien craindre, et votre système me paraît plus dangereux que le mien.

— Oh'! par exemple !

— Oui, Noëmi, vous passerez pour égoïste, tandis que l'on dira de moi : Elle est sensible, mais vertueuse.

—Ah! ma chère, s'écria madame d'Héricourt en riant aux éclats, si Odry pouvait vous entendre, il dirait à coup sûr : *Cette idée n'est pas neuve, mais elle est consolante.*

—Je le répète, continua madame d'Arbelle, votre projet présente à la fois de grands obstacles et de véritables dangers; les apparences seront très positivement contre vous.....

—Pas plus contre moi que contre vous-même, ma chère; un amour romanesque, comme vous le comprenez, est bien plus compromettant qu'une innocente coquetterie comme celle que je médite.

—Tous les gens que vous aurez écon-

duits deviendront des ennemis achar-
nés; songez-y, Noëmi !

— Mais, Clara, je n'éconduirai positivement personne; je m'amuserai en toute
innocence de cœur des phrases et des
déclarations que l'on me fera, et je n'y
répondrai pas, voilà tout. Il arrive souvent dans le monde qu'un homme s'ap-
proche de vous et vous fait un compli-
ment; vous avez la tête tournée d'un
autre côté, mais vous entendez parfaitement ce qu'il dit, et cependant vous de-
meurez indifférente et silencieuse comme si vous ne l'aviez pas écouté; puis,
lorsque la dernière syllabe expire sur
ses lèvres, vous dites en le regardant
avec surprise, comme si vous ne vous
étiez pas encore douté de sa présence :
Ah ! bonjour, monsieur! Voilà mon projet en diminutif.

— Mais, Noëmi, croyez-vous que vous trouverez beaucoup de gens assez complaisans pour vous amuser ainsi gratis?

— D'abord, ma chère, il ne m'en faut pas beaucoup, et puis le nombre des présomptueux est bien grand ! Dans tous les cas, il me sera, je crois, plus facile de trouver un dandy avantageux qu'à vous, ma pauvre Clara, de rencontrer un Amadis. Songez qu'il ne me faut qu'un fat.....

Un valet de pied, ouvrant à deux battans la porte du petit salon, annonça :

— M. Frédéric d'Ambert !

III

Frédéric d'Ambert est un beau jeune homme de vingt-cinq ans, un jeune lion, très répandu et très à la mode dans les salons élégans; sa jolie figure et ses manières distinguées lui eussent, avec sa grande fortune, aplani facilement le chemin de la vie sans une dernière faveur de la nature qui, cette fois, s'est montrée prodigue ; Frédéric d'Ambert a de l'esprit, non pas un esprit profond, mais une somme d'esprit plus que suffisante à un homme du monde. Dans le monde, c'est-à-dire dans la conversation des salons, il se dépense si peu d'esprit !

— Comment allez-vous, Madame ? dit Frédéric en saluant madame d'Héricourt ; un second salut un peu plus étudié fut ensuite adressé par lui à madame d'Arbelle.

Mais peut-être avant que cette conversation ne s'engage, veut-on avoir l'aperçu physique, la silhouette de M. Frédéric d'Ambert. J'ai déjà dit qu'il était beau ; ajouterai que sa mise est toujours du meilleur goût. Ce jour-là, Frédéric était encore plus élégant qu'à son ordinaire ; avec sa longue cravate brodée, dont deux brillantes épingles, réunies par une chaîne de turquoises, retenaient les nœuds artistement façonnés, avec sa courte redingote, accusant la taille et en faisant ressortir les proportions dis·tingüées, enfin avec la belle rose à demi épanouie qui resplendissait à sa boutonnière, Frédéric d'Ambert était tout-à-fait séduisant.

L'entretien fut d'abord de la plus douloureuse insignifiance.

— Vous avez vu *la Gipsy*, monsieur, disait madame d'Héricourt.

— Oui, madame.

— Aimez-vous *la cracovienne* ?

— Je préfère *la cachucha* ; Fanny Essler est toujours charmante, sans doute, mais elle l'est plus ou moins, et je trouve que *la cachucha* est son triomphe.

— M. d'Héricourt partage cette opinion et plusieurs de ces messieurs m'ont dit la même chose. Il faut que cette danse ait quelque charme bien particulier et que nous autres femmes nous ne comprenons pas, pour exciter tant d'enthousiasme et recueillir tant de suffrages.

— Mais oui, madame, *la cachucha* renferme tout un monde de choses et d'idées.

— Aussi mademoiselle Essler a-t-elle de nombreux admirateurs, ou, pour mieux dire, de nombreux adorateurs.

— Oh ! madame, je crois qu'il y a beaucoup d'appelés et bien peu d'élus.

— Je ne comprends pas, dit madame d'Arbelle, comment une femme de théâtre, et surtout une danseuse, peut inspirer une passion réelle. Il me semble que la perpétuelle banalité de ses hommages à un public qu'elle favorise le plus qu'elle peut et dont elle flatte tous les mauvais instincts, devrait refroidir singulièrement le sentiment qu'elle inspire.

— Et cependant, madame, dit Frédéric, il y a de nombreux exemples.....

— Dites quelques rares exceptions.

— Il en est jusqu'à trois, continua Frédéric, et loin de m'en étonner comme vous, mesdames, je comprends cela à merveille. La nature de l'homme le porte toujours à chercher chez la femme le dévouement et la tendresse ; ce n'est pas chercher *l'inconnu*, sans doute, et je suis de ceux qui pensent que l'on peut encore, au XIXᵉ siècle, trouver chez certaines femmes privilégiées ces deux trésors du cœur, si précieux et si rares. Mais les femmes qui ont su garder ce feu sacré, est-ce dans le monde que nous les voyons? est-ce dans les salons de Paris que nous les rencontrons? Pour ma part, je dois l'avouer, j'ai rencontré dans le monde un nombre effrayant de femmes chez lesquelles l'amour-propre et l'égoïsme remplaçaient le dévouement et l'amour, qui passaient toute la journée à méditer leur toilette du soir, à inventer une nuance de robe ou à perfectionner une coupe de mantelet; qui éprouvaient une grande et réelle jouissance en se montrant splendides à des hommes qui leur étaient parfaitement indifférens, mais dont les hommages les flattaient, et malgré moi j'ai compris qu'elles aussi avaient un public à ménager, qu'elles aussi étaient un peu comédiennes, et qu'entre ces danseuses-là et les danseuses de l'Opéra il n'y avait qu'une différence, celle de la scène. Cela devait me rendre sévère, cela m'a peut-être rendu injuste ; toujours est-il que depuis ce temps-là j'ai reconnu que les passions véritables, hasardées dans le corps de ballet ou au théâtre, pouvaient en général être bien placées.

— En effet, monsieur, dit madame d'Héricourt en minaudant d'une façon fort gracieuse, vous nous traitez bien mal, et vous nous jugez bien témérairement, pauvres femmes du monde que nous sommes ; il faut que vous ayez été singulièrement malheureux dans vos rencontres, permettez-moi de vous le dire.

— J'aurais dû vous annoncer plus tôt, madame ; reprit Frédéric avec galanterie, que mon opinion sur les femmes de la société est déjà plus qu'à demi-ébran lée. Si jusqu'à présent j'ai trouvé chez elles beaucoup trop de futilité pour croire leur dévouement possible, c'est que j'ai mal cherché sans doute; je ne suis pas assez aveugle pour nier le soleil lorsqu'il paraîtra à mon horizon.

— L'amour pur et sincère peut, ainsi que le dévouement, se rencontrer dans le monde tout aussi bien qu'ailleurs; personne, que je sache, n'en a le privilége ou le monopole, dit sentimentalement madame d'Arbelle.

—Oui, madame, reprit Frédéric d'Ambert, mais vous conviendrez avec moi, sans doute, que l'amour, dans le monde, n'est ordinairement que de la coquetterie d'une part et de l'amour-propre de l'autre. Du reste, il y a dans la société une foule de gens qui croient avoir un sentiment lorsqu'ils n'en ont que le quart, de même qu'ils se figurent posséder beaucoup d'idées tandis qu'ils n'en ont pas une. Les hommes sont très sûrement aussi coupables que les femmes dans ces grandes mystifications que l'on nomme amour de salon. Mais voyez, madame, jusqu'où la *cachucha* nous a menés, et comment Fanny Essler nous a plongés dans une question de métaphysique pure, continua Frédéric en s'adressant à madame d'Héricourt.

— Vous vous en plaignez, monsieur, dit-elle.

— Non, madame, et j'en suis charmé, au contraire ; du reste, si j'ai parlé de l'amour de salon ainsi que je l'ai fait, c'est que je me sais bien fort contre lui, et je serais disposé à regarder l'amour vrai comme un malheur, tant je le croirais difficilement payé de retour.

—Sophisme et forfanterie ! dit en riant madame d'Héricourt. Avez-vous encore des bals, monsieur?

—Je n'ai plus que l'espoir du bal de lady Grandville ; on dit que cela sera splendide, et j'aurai, je suppose, l'honneur devous y retrouver. Allez-vous aux courses dimanche ?

— Mais oui, je pense que **M.** d'Héricourt m'y conduira ; pourvu qu'il fasse beau !

—Votre présence, madame nous portera bonheur.

Frédéric se leva, salua les deux jeunes femmes et se retira. Bientôt on entendit dans la cour le roulement de son tilbury.

— Eh bien ! ma chère ? dit madame d'Arbelle après quelques momens de silence.

— Eh bien! Clara, répondit madame d'Héricourt, mon choix est fait; c'est M. d'Ambert qui est chargé de m'amuser cet été; assurément avec les idées qu'il nous a développées, M. d'Ambert n'est pas dangereux. Le monde, tout méchant qu'il est, ne pourra trouver à médire, et je ferai payer cher à M. Frédéric son impertinente opinion sur les femmes de salon. Il m'amusera, je le persifflerai; il y aura pour moi une vengeance et un plaisir.

— Avant d'entrer en campagne, ma chère Noëmi, dit madame d'Arbelle, je vous engage à inscrire en grosses lettres sur votre drapeau : *Honni soit qui mal y pense!*

IV

Le dimanche, 11 mai 1839, il y avait à Paris, comme on sait, courses de chevaux dans le Champ-de-Mars et combat à l'Hô tel-de-Ville, plaisirs à droite, guerre à gauche, sans que la réunion du Champ-

de-Mars s'occupât beaucoup de l'émeute
de la place de Grève, et sans que l'émeute,
qui avait, elle aussi, ses paris à gagner,
s'inquiétât des succès de M. de Cambis
ou de lord Seymour. Un soleil capricieux
ne se montrait que par intervalles et venait réchauffer les nombreux specta-
teurs qui couvraient les talus déjà jaunis
et flétris. Les pavillons et la tribune du
Jockey-Club se remplissaient d'une foule
élégante; toutes les notabilités des salons et du bois de Boulogne se trouvaient
réunies pour répondre à ce grand appel
de la mode, qui, pour toutes, n'était pas
un appel du plaisir. Car..... et je vais dire
là une de ces grandes vérités qui cho-
quent quelquefois parce qu'elles sont
trop vraies, les Français, à part quelques
exceptions, quelques excentricités encore assez rares, ne partagent pas l'en-

thousiasme de leurs voisins d'outre-mer
pour les courses et pour les chevaux. Je
veux dire que la plupart de ceux qui af-
fichent la plus violente prédilection pour
ces amusemens britanniques sont les
victimes d'un genre, les martyrs d'une
mode, et que leur enthousiasme, à eux,
est un enthousiasme de commande, de
même que le plaisir qu'ils trouvent dans
ces jeux, que malheureusement on aura
bien de la peine à rendre véritablement
nationaux, est un plaisir de convention.
Et si cela est vrai chez les hommes qui
cependant, par nature, aiment les chevaux, mais qui ne sont pas tous disposés
à avoir pour eux un culte exclusif, on ne
trouvera pas extraordinaire que les femmes comprennent peu l'importance que
l'on attache à des encouragemens solen-
nels, qui ont souvent le tort de n'offrir à

la curiosité que des épreuves sans intérêt et ont toujours celui d'être parfaitement inutiles à l'*amélioration* des races
que l'on voudrait obtenir. Ce qu'il y a de
bien certain, c'est que les femmes qui
vont aux courses, comme elles iraient
ailleurs, pour montrer une robe ou un
chapeau, trouvent parfois que l'instant
du plaisir et de l'émotion est trop court
pour racheter les heures d'ennui et d'attente qui le précédent ordinairement;
qu'elles en reviennent presque toujours
fatiguées et nerveuses, mais que cependant elles n'oseraient pas en manquer
une, parce que c'est une mode qu'il faut
subir avec grâce.

Aussi cherchent-elles, autant que
possible, à faire de l'hyppodrôme une
arène de coquetterie, et du terrain des
courses une séduisante pelouse, ado-

rablement située entre le village des *Petits soins* et le grand fleuve du *Tendre*.

Une élégante multitude de femmes se montrait donc sous les pavillons et dans les voitures qui garnissaient l'enceinte intérieure du Champ-de-Mars; brillantes et jolies fleurs au milieu d'un vaste parterre, elles s'épanouissaient au soleil, ou brillaient sous la toile des tentes comme des plantes rares dans une serre. Des robes éblouissantes, des chapeaux merveilleux montraient toute l'importance que le beau sexe attachait à ce tournoi de la mode, à cette passe d'armes où toutes les ambitions féminines venaient rompre des lances.

Madame d'Héricourt n'avait pas été sourde à cet appel; et, afin de produire plus d'effet, elle était venue, l'une des dernières, se placer avec madame d'Arbelle, sur les gradins du pavillon du milieu. Aussitôt une foule de dandys se mit à papillonner autour de ces dames : l'un, entamait un grave entretien sur la *coalition* et la *crise ministérielle*; l'autre, venant se jeter à la traverse de cette escarmouche politique, proposait un pari de marrons glacés pour les chevaux de lord Seymour, bien rabaissés maintenant dans l'opinion publique, et faisait mentalement des vœux pour la perte de son pari.

Mais parmi tous ces jeunes lions de la grande ménagerie du *club*, Frédéric d'Ambert sut bientôt se faire distinguer comme il lui convenait de l'être. Bientôt aussi, madame d'Héricourt s'engageant dans la route qu'elle s'était tracée, se mit en mesure de l'attirer dans ses pièges, de l'envelopper dans ses irrésistibles séductions. Elle y réussit aisément. Elle prêchait là un homme qui avait très forte envie de se convertir, et la conversation qu'ils entamèrent fut si remarquablement éternelle que toute la course en chuchota.

— Oh! oh! dit le général Haguernau, voilà madame d'Héricourt qui se lance; elle n'a pas mal choisi, ma foi, le petit d'Ambert n'est pas mal, et puis c'est un bon garçon; allons, j'en suis bien aise.

— Bah! dit en riant le comte de Chateaugaillard, vous croyez que c'est un début, Haguernau?

— Madame d'Héricourt n'a jamais fait parler d'elle, que je sache, reprit le général; si ce n'est pour les mauvaises plaisanteries qu'elle se permet assez souvent. La connaissez-vous, Chateaugaillard?

— Je la connais de vue, et Dieu me préserve de la connaître davantage. Elle n'a qu'une chose de trop, cette femme, c'est la langue.

M. de Chateaugaillard fit une pirouette et alla se placer sur la tribune du *club*.

— De qui parliez-vous donc avec Chateaugaillard? dit, en prenant le bras du général, le baron de la Villette, autre notabilité élégante.

—Mais nous parlions de madame d'Héricourt; la trouvez-vous jolie madame d'Héricourt?

—Madame d'Héricourt, celle qui a une jolie taille et une bonne réputation? Mais ses attraits m'ont toujours paru médiocres. Qu'est-ce que vous en disiez?

— Nous disions que précisément en ce moment elle compromet ce que vous appelez sa bonne réputation,

— Ah ! diable, où la voyez-vous donc, madame d'Héricourt? je ne l'aperçois pas.

— Sur la seconde banquette, presque au milieu, à côté d'une fort jolie brune.

— Ah ! oui ! j'y suis ; elle est en beauté aujourd'hui, c'est-à-dire qu'elle n'est pas aussi laide qu'à son ordinaire. Tiens! c'est Frédéric d'Ambert. Ah! le pauvre garçon ! Mais ça chauffe, il lui ramasse son mouchoir avec une figure très romantique, je ne le croyais pas si sentimental, Frédéric d'Ambert; ils ont l'air d'être au mieux......... Tenez, au fait, Haguernau, cette femme-là n'est pas trop mal; elle a de l'expression, beaucoup d'expression ; d'ailleurs , il faut qu'elle ait quelque chose pour elle puisque d'Ambert s'en occupe.,... Oh !

mais voilà, sur ma parole des assiduités tout à fait marquées et fort bien accueillies. Petit scélérat de Frédéric! mettre à mal une femme si vertueuse! Avez-vous des cigarres, Haguernau?

— Prenez celui-là, baron, vous m'en direz de bonnes nouvelles. Mais voici la seconde épreuve du prix du printemps; venez vite vous placer; j'ai parié vingt louis pour *Esmeralda.*

En ce moment, les deux interlocuteurs qui s'étaient retournés, aperçurent devant eux le comte d'Héricourt, qui prenait son lorgnon pour le braquer sur sa femme.

— Prodigieux!! s'écria le baron de la Villette en entraînant Haguernau.

La course venait de finir, chacun se levait et les voitures, appelées à haute voix par les valets de pied, s'avançaient déjà devant la porte du couloir en planches, fabriqué derrière les tentes. M. d'Héricourt, profitant du mouvement général, s'approcha de Frédéric d'Ambert et se fit très adroitement heurter par lui, dans l'empressement que Frédéric mettait à avertir les gens de madame d'Héricourt.

Prenez donc garde à ce que vous faites, lui dit le comte très rudement.

—Parbleu! faites attention vous-même, répondit Frédéric avec humeur; j'allais précisément demander la voiture de madame d'Héricourt.

—Et de quoi vous mêlez-vous, s'il vous plaît? reprit le comte d'un ton fort insolent.

— En vérité, d'Héricourt, je vous

trouve étrange; prétendez-vous me chercher querelle?

—Quand cela serait! peut-être méri-
tez-vous quelque bonne leçon.

— Pardieu! ce n'est certes pas vous
qui me la donnerez.

— C'est ce que nous verrons, si cela
vous convient, demain matin, à sept
heures précises, à la porte de Long-
champs.

— Soit! comme il vous plaira; mais,
silence! car voici ces dames. Ne poussez
pas trop loin, je vous prie, votre rôle de
matamore.

— A demain! monsieur, dit le comte
d'Héricourt, et soyez exact, car je n'aime
pas à attendre.

— Je serai avant vous au rendez-vous
que vous m'indiquez, répondit Frédéric
d'Ambert en s'éloignant.

Le général Haguernau passait en ce moment auprès du comte d'Héricourt.

— Mon cher général, voulez-vous bien offrir votre bras à madame d'Héricourt pour la mener à sa voiture? vous lui rendrez service; je me charge de son amie, madame d'Arbelle, lui dit le comte.

— Comment donc, mon cher, mais je serai très fier de la commission que vous me donnez, dit le général Haguernau enchanté d'avoir cette occasion de raviver ses prétentions, quelque peu surannées, en donnant le bras à une jeune femme à la mode.

Et madame d'Héricourt, assez étonnée de la disparition soudaine de son chevalier Frédéric d'Ambert, accepta en souriant le bras très galamment arrondi du vieux général.

V

Le lendemain du jour où j'appris à
l'Opéra le duel et la blessure du comte
d'Héricourt, le lendemain du spasme
de la marquise de Valombray, cette charmante et impressionnable femme était

assise dans le délicieux boudoir qu'elle s'était créé au fond de son hôtel du faubourg Saint-Honoré, et paraissait en proie à une profonde douleur. Ce boudoir, véritable sanctuaire, asile au seuil duquel tous les soins, toutes les inquiétudes, tous les chagrins de la vie auraient dû s'arrêter, semblait, jusque dans ses moindres détails, avoir été disposé par quelque voluptueux génie. De grands vases japonnais remplis de fleurs aux arômes puissamment énervans, se laissaient entrevoir, à demi-cachés par des rideaux d'une étoffe épaisse, et ornaient les quatre coins du boudoir, dans lequel le jour ne pénétrait qu'après avoir passé à travers une gaze rose. De ravissantes peintures dans le goût des scènes espagnoles de Carle Vanloo, ressortaient sur la tenture bleu-pâle de l'appartement. Des tabourets à grandes franges, et un divan qui régnait tout autour de ce boudoir, composaient, avec une petite table incrustée de nacre et un écran en étoffe brodée, le mobilier charmant de ce lieu privilégié.

La marquise de Valombray était assise au coin du feu sur un de ces tabourets dont nous venons de parler. Son costume du matin, quoiqu'en apparence négligé, était encore cependant d'une élégance simple et de bon goût. Mais, pour qu'il en fût ainsi, il avait fallu sans doute que la marquise subît à son insçu le grand despotisme de l'habitude, car elle se trouvait alors sous le coup d'une pénible préoccupation morale. Ses beaux yeux noirs, inondés de larmes et ses traits altérés, annonçaient trop bien la présence de quelque profond chagrin dans sa vie si calme en apparence.

Madame de Valombray avait vingt-cinq ans, elle était brune, régulièrement belle : une expression énergique et fière donnait à sa physionomie un charme tout particulier. Mariée fort jeune au marquis de Valombray, diplomate distingué, qui maintenant occupe une ambassade du second ordre, elle n'avait jamais fait parler d'elle, et sa vie privée très cachée il est vrai, selon le précepte du sage, avait toujours été épargnée par la médisance du monde. Aussi madame de Valombray était-elle singulièrement considérée, et passait-elle pour avoir une pruderie de bon goût; réputation qui n'avait pas peu contribué à la mettre à la mode; car on arrive également à ce but ambitionné par tant de femmes en employant les moyens les plus opposés, ou les grandes sauvageries, ou les inconséquences à éclat.

Sa main, appuyée sur la petite table, froissait convulsivement un paquet de lettres tiré d'une cassette précieusement travaillée. De temps en temps elle relisait l'une de ces lettres et la rejetait de nouveau avec un geste brusque et désolé. Alors sa tête s'inclinait, des pleurs inondaient son beau visage, si expressif et si empreint du grand caractère des passions. Elle paraissait céder sans combats à la funeste domination de sa douleur. Puis, tout-à-coup relevant impétueusement la tête, elle jetait un regard rapide vers la pendule, dont elle aurait voulu sans doute accélérer les mouvemens.

Soudain des pas se firent entendre dans la pièce qui précédait le boudoir.

La double porte s'ouvrit; et, avant que la porte même du boudoir, s'ouvrant également, donnât passage au visiteur, madame de Valombray s'était déjà composé une contenance et un visage à peu près naturels.

Un jeune homme entra; c'était Frédéric d'Ambert. Il referma la porte avec soin, et, s'avançant vers madame de Valombray avec une aisance pleine de charme et d'élégance, il lui dit en lui prenant la main :

— Eh bien ! amie chère, comment allez-vous et qu'avez-vous donc de si pressé à me dire ?

Mais madame de Valombray retira vivement sa main et regarda fixement Frédéric sans daigner lui répondre. Son maintien était celui d'une reine outragée.

— Est-ce que je ne suis pas exact au rendez-vous que vous m'avez accordé d'une manière si inusitée, Amélie? Par grâce, dites-moi au plus vite si quelque malheur ne vous menace pas? Cette lettre, que vous m'avez envoyée à une heure du matin, m'a singulièrement effrayé. Que se passe-t-il donc?

Madame de Valombray le regardait toujours avec une indéfinissable expression de jalousie et de colère. On eût dit que ses regards voulaient plonger jusqu'au fond du cœur de Frédéric.

— Vous m'en voulez, n'est-ce pas, amie chère, continua-t-il, de ce que je vous ai fait attendre. Aussi, pourquoi ne permettez-vous pas que mon cabriolet m'amène jusqu'à la porte de votre hôtel. Je descends toujours au coin de la rue d'Anjou, et il me reste comme vous voyez, une bonne course à faire pour arriver jusqu'à vous. Vraiment ces précautions-là sont inutiles et ridicules !

Frédéric avait laissé percer une pointe de mauvaise humeur dans ces derniers mots ; il regarda la marquise avec impatience. Madame de Valombray, se levant alors et lui serrant violemment le poignet, lui d'une voix altérée :

— Ce sont probablement les justes consolations que vous devez à madame d'Héricourt qui vous ont empêché de venir plus tôt, monsieur ?

— Eh quoi ! Amélie, reprit Frédéric étonné, vous savez déjà ma rencontre avec le comte d'Héricourt? Qui vous a donc si bien instruite ?

L'effort que madame de Valombray venait de faire, avait sans doute épuisé ses forces, car elle était retombée sur le tabouret et tenait sa tête dans ses deux mains.

— Je n'ose pas donner une cause à votre douleur, vraie ou fausse, réelle ou bien jouée, Amélie, continua Frédéric, je ne le veux pas, parce que je craindrais de vous voir décheoir dans mon esprit. Comment êtes-vous assez peu sûre de vous-même, assez peu raisonnable pour vous laisser influencer à ce point par une affaire aussi ridicule? Vous êtes bien enfant, Amélie?

— Et vous, bien infâme! s'écria avec une explosion de sanglots la marquise de Valombray, oh! oui, bien infâme! A quels sermens faut-il donc se fier, bon Dieu! quelle espérance peut-on caresser plus d'un jour? Malheureuses femmes que nous sommes, tristes victimes des plus infernales roueries, des plus honteuses intrigues, nous ne pouvons même pas pleurer librement! Nous avons caché nos joies, il faut cacher nos larmes. Oh! mon Dieu! que la mort paraîtrait douce, venant après certaines blessures du cœur?

— Vraiment, Amélie, je ne vous comprends pas, reprit Frédéric en s'asseyant auprès de la marquise, et en s'efforçant de la calmer comme on calmerait un enfant irrité, vraiment je ne puis concevoir comment vous attachez tant d'importance à ce malheureux duel qui n'a eu pour motif qu'un fort sot malentendu.

— Quelle indigne fausseté! dit la marquise d'un ton lamentable, prétendez-vous m'abuser si facilement, Frédéric? Vous m'avez donc supposée bien crédule ou bien résignée pour aller chercher un si absurde prétexte ? Un malentendu, ah! voilà en effet un très misérable sujet de duel! Et, sans doute, c'est aussi par l'effet d'un malentendu que tout Paris parle en ce moment de la fatale issue de votre intrigue avec madame d'Héricourt.

— Mon intrigue avec madame d'Héricourt! Oh! mais c'est une plaisanterie, n'est-ce pas, Amélie?

— Une plaisanterie!...

— Mais, Amélie, je vous jure...

— Ne jurez pas, monsieur, je ne crois plus à vos sermens. J'aurais préféré que vous missiez de la franchise dans vos aveux. Vous me trompez trop long-temps. Il arrive un moment, voyez-vous, où le cœur, rendu défiant, devient sceptique. Se jouer ainsi de la passion la plus vraie! et pour qui? pour une femme qui ne peut avoir d'autre séduction que son esprit méchant et railleur ; pour une femme que le monde a prise en haine, et à la fortune de laquelle on ne peut s'attacher sans courir le risque de passer pour le complice de ses mauvaises actions. Oh! quelle indigne rivale vous m'avez donnée là, monsieur.

— Amélie, voulez-vous m'entendre? voulez-vous croire encore une fois à la parole d'un homme d'honneur? Vous ne voulez pas me réduire au désespoir, n'est-ce pas?

— Oh! je crois que vous êtes très calme, Frédéric.

— Ecoutez-moi par grâce, et jugez-moi : Au commencement de l'hiver, je fus présenté à madame d'Héricourt; je ne lui avais jamais parlé avant cette présentation, qui eut lieu le jour de son bal. Depuis, vous le savez aussi bien que moi, Amélie, je ne lui ai fait que de rares visites. Je la rencontre à la course, et je me trouve placé près d'elle par l'effet du hasard...

— Heureux hasard, en vérité !

—Laissez-moi achever... Madame d'Héricourt était avec son inséparable amie, madame d'Arbelle ; ces dames ont ri et causé avec moi. Madame d'Héricourt a même été un peu coquette ; vous voyez que je suis franc, et je ne veux l'être que parce que la vérité est tout à mon avantage. Comme la course finissait, je me suis empressé d'aller faire avancer la voiture de madame d'Héricourt ; c'était aussi naturel que de bon goût, et au moment où je sortais du pavillon, j'ai heurté, sans le savoir et sans le vouloir, le comte d'Héricourt, qui se fâchant, m'a proposé un duel. Je n'ai pas pu le refuser parce que les termes de son défi étaient trop impertinens. Voilà, toute la vérité, et vous conviendrez, sans doute, Amélie, que vous avez été injuste envers moi, et bien prompte à me mal juger.

— Il vous est facile, monsieur, de présenter les choses sous un jour qui vous soit favorable, mais il vous sera plus difficile de me faire admettre cette interprétation de la colère de M. d'Héricourt; ce n'est pas un homme d'un esprit bien remarquable que M. d'Héricourt, mais encore n'est-il pas assez sot pour aller se faire donner un coup d'épée sans avoir un motif.

—Je vous l'ai dit, madame d'Héricourt avait été coquette, M. d'Héricourt peut s'être laissé prendre aux apparences.

— Il fallait alors que *les apparences*

fussent bien contre vous-même, car, sans cela, M. d'Héricourt aurait tout simplement été chercher querelle à sa femme et ne se serait pas adressé à vous. Elle est si rusée madame d'Héricourt, elle sait si bien mettre quelqu'un en scène, en faire le but de tous les regards, le sujet de tous les commérages d'un salon ! Au lieu de cacher son secret, elle s'est fait une gloire de le divulguer, elle en a tiré vanité (quelle affreuse impudence), et a été fière de vous compromettre, monsieur; madame d'Héricourt a voulu montrer à tout Paris que vous étiez attaché à son char. Et voilà pourtant ce qui plaît aux jeunes gens ! Voilà ce qu'ils préfèrent à un amour tendre, dévoué, mais modeste ! Oh ! que les femmes assez adroites pour tout affecter sans rien éprouver, pour jouer toujours

la passion que par nature elles ne peuvent
ressentir sont heureuses dans ce temps-
ci ! Et que de larmes doivent répandre
sur leur faute celles qui ont trop écouté
leur cœur et pas assez leur raison, qui
ont basé leur existence sur l'attachement
d'un homme capable de les sacrifier à la
première agacerie d'une coquette ! Mais
j'ai tort de me laisser aller à ma douleur,
monsieur, il y a des blessures qu'il faut
cacher et, d'ailleurs, la peinture peu flat-
teuse que je viens de faire de la femme
que vous m'avez préférée, doit vous sem-
bler aussi suspecte dans ma bouche,
qu'elle vous est désagréable, sans doute.
Je vous demande pardon de m'être aban-
donnée à un premier mouvement plein
d'aigreur. Cela a dû vous paraître de bien
mauvais goût. J'aurais dû me contenter
de vous remettre les gages d'une af-

fection détruite; voici vos lettres, monsieur.

Frédéric, qui avait écouté cette longue tirade avec surprise, mais avec sang-froid, sembla sortir d'un rêve à la vue des lettres qu'on lui présentait; se levant très brusquement, il dit à madame de Valombray d'une voix dont l'accent trahissait une sourde colère :

— Il faut, madame, que vous ayez la plus mauvaise opinion de moi pour me traiter ainsi que vous le faites, et je crois comprendre que vous êtes charmée de trouver un prétexte de rupture; car, s'il en était autrement, vous seriez moins prompte à me condamner.

— Jusqu'ici n'ai-je pas eu trop d'indulgence, Frédéric? reprit la marquise....... N'ai-je pas souvent fermé les yeux pour ne point voir.

— Ceci est d'une insigne fausseté, madame, et je crois que vous cherchez à me créer des torts afin de faire valoir votre grandeur d'âme. Eh bien! je répondrai à cette nouvelle attaque, que, moi aussi, j'ai dû, non pas fermer les yeux sur le présent, mais faire taire les importuns souvenirs du passé qui venait sans cesse crier à mes oreilles : « pauvre fou! ne vas pas donner ton amour à une femme qui a tant aimé déjà! » et me répétait deux ou trois noms qui vous ont été bien chers, madame!

— Frédéric, je ne sais ce que voulez dire; le monde ne m'a jamais rien reproché, et vous pourriez tout au plus, en ce moment, vous faire l'écho de ce monde pervers et menteur. Vos accusations sont donc odieuses et mal fondées, dit madame de Valombray en pâlissant.

— Eh ! madame, reprit Frédéric avec un sourire amer, je sais que vous avez toujours respecté les apparences, et que, par conséquent, le monde n'a rien à vous reprocher; aussi, n'est-ce pas d'après lui que je parle en ce moment. Un hasard singulier et peut-être bien malheureux pour moi m'a fait découvrir dans les papiers d'un de mes amis, parti pour l'Afrique, après m'avoir laissé le soin de régler ses affaires fort embrouillées, certaine correspondance que je n'ai pas eu d'abord l'indiscrétion de lire, quoique j'eusse parfaitement reconnu l'écriture. Cet ami se nommait Edouard de Sassenave. Depuis il a été tué à Constantine; ne le connaissiez-vous pas, madame?

— Frédéric, rendez-moi ces lettres! dit avec angoisse la marquise de Valombray.

— Vous voyez donc bien, madame, qu'il m'a fallu aussi terriblement oublier, sinon pardonner ; chaque fois que vous me disiez : Frédéric, je vous aime comme jamais je n'ai aimé ! J'éprouvais une violente envie d'ouvrir cette correspondance afin d'en juger par moi-même ; un jour, ce sentiment de curiosité l'emporta sur le devoir que je m'étais imposé, je jetai les yeux sur une de ces lettres : elle contenait des récriminations amères ; vous reprochiez à Edouard de Sassenave de vous méconnaître en vous accusant d'avoir aimé, avant lui, Robert Smalt, un jeune artiste étranger, plein de talent. Involontairement, ma pensée se reporta sur notre situation présente, si parfaitement identique à celle dans laquelle vous vous trouviez alors vis-à-vis de ce pauvre Sassenave ; je fus sur le point de vous apporter ces lettres, cette volumineuse correspondance, que vous n'avez écrite, très sûrement, que parce que vous étiez alors plus ignorante du monde que vous ne l'êtes maintenant, puisque vous n'écrivez plus; je voulais rompre avec vous, madame, comme vous semblez en ce moment vouloir rompre avec moi. Ces deux noms d'hommes que vous avez aimés me poursuivaient sans cesse et partout. Cependant, je me dis : Amélie est la plus charmante femme du monde entier lorsqu'elle ne veut pas jouer à son profit le rôle de femme jalouse, rôle qui ne lui sied nullement. C'est un ange qui se révolte quelquefois, mais qui ne perd pas pour cela sa qualité d'ange; elle est bonne, aimable, spirituelle, pleine de grâces et de talens; où en trouverais-je jamais une pareille? Alors, Amélie, je jetai la correspondance au feu et je revins vous admirer.

Madame de Valombray, haletante, éperdue, avait écouté les paroles de Frédéric avec l'attention que met un condamné à suivre la lecture de sa sentence; elle saisit une des mains du jeune homme et la pressa sur son cœur.

— Frédéric, vous êtes bon, vous êtes meilleur que moi-même, s'écria-t-elle; mais le ciel m'est témoin que si je vous ai caché quelque chose, c'était afin de vous épargner un chagrin. Vous me dites que jamais il n'a rien existé entre vous et madame d'Héricourt, je vous crois, j'ai besoin de vous croire..... Pardonnez-moi ce mouvement de jalousie dont je n'ai pas été maîtresse..... Je vous aime trop, Frédéric, voyez-vous, cela me rend folle !

VI

Quelques jours s'écoulèrent; l'ambassade d'Angleterre célébrait l'anniversaire de la naissance de la reine Victoria. Une brillante illumination de l'hôtel annonçait de loin qu'il y avait fête chez lord Grandville, et de grands préparatifs faits à l'intérieur piquaient depuis longtemps la curiosité du beau monde, dont les échos indiscrets avaient déjà parlé de quelques-unes de ces merveilles si impatiemment attendues. Malheureusement la file des voitures tenait sur deux rangs tout l'espace compris entre la rue Royale et la porte de l'ambassade, ce qui pouvait faire supposer aux femmes embarquées à huit heures pour cette solennité dansante, qu'elles débarqueraient au péristyle de lady Grandville entre onze heures et minuit.

Pour moi, qui me souciais fort peu de payer un plaisir par une si ennuyeuse attente, je descendis de cabriolet à quelques pas de la porte, et traversant bravement la cour au milieu d'une foule nombreuse attirée par le désir d'entrevoir les toilettes brillantes , j'abrégeai ainsi mon supplice.

L'ambassade d'Angleterre avait pour ce jour-là absorbé toutes les fleurs de Paris et de la banlieue. Des rosiers, transportés avec la terre qui les entourait, formaient des deux côtés de la galerie une délicieuse plate-bande. Une tente immense avait été élevée dans le jardin ; de vastes corbeilles de fleurs l'ornaient et l'embaumaient ; malheureusement le temps trop froid ne permettait guère de séjourner dans ce charmant salon en plein air. Un admirable buffet était comme à l'ordinaire disposé au milieu des orangers, et tout le luxe britannique s'y déployait de la façon la plus remarquable.

Après avoir inspecté de la sorte les préparatifs de la fête, j'entrai dans la salle de danse dont l'orchestre occupait l'extrémité tout entière. C'était un charmant coup d'œil que celui de la double rangée des banquettes où trônaient tant de jolies femmes sous leur joli uniforme blanc et rose; car, sur le mot d'ordre donné par lady Grandville, toutes les invitées avaient adopté les couleurs de la reine Victoria, et, par contre-coup, les hommes portaient tous à leur boutonnière un petit bouquet composé d'une rose et de quelques tiges de muguet. Aucune exception n'avait été admise dans cette convention générale; l'homme politique, l'homme grave était voué au rose et au blanc aussi bien que le dandy. M. Thiers, lui-même, avait à sa boutonnière une rose sans doute bien étonnée de s'y voir.

Lorsque j'eus achevé mes investigations, je m'assis en attendant une valse sur la banquette de la galerie, et bientôt presque tous les personnages du petit drame que j'essaie de retracer aujourd'hui vinrent, comme s'ils se fussent donné rendez-vous pour me faire connaître son dénouement, défiler devant moi semblables à ces fantastiques apparitions des ballades germaniques, à ces mystérieuses figures qui se présentent sans cesse à vos yeux étonnés, que vous avez laissés sous les sombres arceaux des ruines, où le vent du nord faisait entendre sa voix plaintive, et que vous retrouvez devant vous dans un joyeux quadrille, sous des lambris dorés, au son d'une musique éclatante.

M. d'Hartainville et M. de Châteaugaillard causaient à quelques pas de moi comme le jour où je les avais rencontrés au foyer de l'Opéra. Frédéric d'Ambert, plus élégant que jamais, papillonnait avec une grâce miraculeuse autour d'un essaim de jeunes personnes sous le regard de madame de Valombray, qui, placée à quelque distance au milieu de plusieurs notabilités féminines du faubourg Saint-Germain, le suivait des yeux tout en feignant de regarder du côté opposé. Le général Haguernau passa près de moi donnant le bras au baron de la Villette.

— Remarquez-vous, baron, dit-il que madame d'Héricourt n'est pas ici.

— C'est vrai, dit la Villette, mais je viens d'apercevoir son amie madame d'Arbelle.

Et en effet, madame d'Arbelle parut bientôt au bout de la galerie. Elle semblait triste ; ses beaux yeux noirs avaient perdu quelque chose de leur éclat habituel. On eût dit qu'elle avait pleuré toute la soirée, et cependant elle s'efforçait de sourire.

Lorsqu'elle passa devant moi, j'entendis quelqu'un dire assez haut :

— Voilà madame d'Arbelle! je croyais qu'elle était assez l'amie de madame d'Héricourt pour prendre à son malheur une part plus réelle; il eût été de meilleur goût, ce me semble, de ne pas se montrer ici ce soir.

— Mais je vous ai toujours soutenu, reprit une autre voix, que madame d'Arbelle n'était pas aussi intime avec madame d'Héricourt que vous voulez bien le dire; sa présence, ce soir, me donne entièrement gain de cause.

Ma curiosité fut vivement excitée, je l'avoue, par ce fragment de conversation. Qu'était-il donc advenu à madame d'Héricourt? Avait-elle perdu sa fortune, perdu son mari, ses enfans? quel malheur avait pu éloigner d'elle ses plus intimes amis?

Instinctivement je me rapprochai de MM. d'Hartainville et de Châteaugaillard. Ils m'avaient fourni la première page de mon histoire, ils devaient nécessairement m'en apprendre le dénouement, sauf à moi à en trouver la moralité. En effet, et comme si un malicieux génie se fût amusé à réaliser immédiatement tous les désirs que je pouvais former, à peine étais-je parvenu à quelques pas de ces messieurs, que le nom de madame d'Héricourt vint à mes oreilles.

— Qu'est-il donc arrivé à madame d'Héricourt, dis-je à M. de Châteaugaillard.

— Comment! vous ne savez pas cette

histoire ! oh ! mais elle est fort dramatique et vous pourrez en faire un roman. Ne faites-vous pas des romans ?

— Quelquefois, par hasard.

— Eh bien ! figurez-vous..... mais demandez-la à d'Hartainville, il vous racontera cela mieux que moi.

—Parbleu ! Châteaugaillard, vous êtes bien insupportable ! voilà dix minutes que vous me la faites désirer, dit d'Hartainville.

—Voici donc l'histoire demandée, reprit Châteaugaillard : Vous n'ignorez pas, messieurs, que le 12 mai, M. d'Héricourt a eu l'honneur de recevoir un coup d'épée de la blanche main de notre ami Frédéric d'Ambert. Vous dire le motif véritable de ce duel, je ne m'y hasarderai pas, mais je vous le laisserai deviner. Les uns assurent que

Frédéric d'Ambert était heureux dans ses assiduités auprès de madame d'Héricourt, les autres, et Frédéric tout le premier, affirmant qu'il ne s'agissait que d'une sotte querelle, d'un mot, d'un rien, comme cela se voit assez souvent. Bref, d'Héricourt est blessé et rentre chez lui d'assez mauvaise humeur. Vous dire ce qui s'est passé entre lui et sa femme, je ne m'y hasarderai pas, mais je vous le laisserai deviner...

— Dieu ! comme ce soir Châteaugaillard est timide dans ses conjectures, interrompit d'Hartainville à demi-voix.

— Vous savez que d'Héricourt est fort colère, reprit Châteaugaillard, et vous pouvez facilement vous figurer la scène qu'il fit à sa femme. Il n'y a rien de positif à ce sujet; mais ce qui est officiel, c'est le départ de madame d'Héricourt pour la Saintonge, c'est-à-dire pour le manoir de sa famille, à laquelle elle est outrageusement renvoyée.

— Comment, une séparation? dit d'Hartainville.

— Ni plus, ni moins, dit Châteaugaillard.

— D'Héricourt a peut-être agi trop légèrement dans cette affaire, dis-je à mon tour.

— A sa place j'en aurais probablement fait autant que lui, reprit Châteaugaillard. Madame d'Héricourt n'était plus intéressante ; elle s'était par trop affichée. Il y a une certaine décence que l'on doit au moins garder; de certaines limites qu'il est difficile de franchir impunément.

En achevant ces mots, qu'il avait

prononcés très sérieusement, Château-gaillard s'éloigna. D'Hartainville alla retrouver le baron de la Villette et le général Haguerneau.

Et moi, au milieu de tout ce bruit, de tout cet éclat, je demeurai accablé sous le poids d'une pensée triste et profonde.

Tels sont les arrêts du monde, me disais-je; telle est sa manière de sentir et de comprendre. Une femme qui n'est que malheureuse et n'a pas joint à ses torts de coquetterie un tort bien plus grand encore, celui de la fausseté, est impitoyablement sacrifiée aux apparences. Parce qu'elle a froissé quelques amours-propres par des plaisanteries irréfléchies, on ne se donne même pas le temps de la juger; on la condamne. En ceci, M. d'Héricourt est moins coupable que ce monde qui lui a crié :

« Quand même la vérité, en se faisant comprendre, vous engagerait à pardonner, je ne pardonne pas, moi, et je vous envelopperai dans la disgrâce que mérite le scandale ! » Madame d'Arbelle, cette amie sincère, mais timide, a dû, elle aussi, baisser la tête et obéir à cette grand voix du monde qui lui disait : « Malheur à celui qui condamne mes arrêts en plaignant et en consolant mes victimes. » Quel horrible tyran est-ce donc que ce monde, qui ne se respecte pas et qui veut qu'on le respecte ? Quel singulier pouvoir ont donc ces deux mots : *les apparences ?*

Comme j'achevais ce monologue, beaucoup trop sérieux pour le lieu où il avait été entrepris, la duchesse d'Argentan passa près de moi, donnant le bras à la marquise de Valombray.

Le salon de la duchesse d'Argentan est le salon le mieux famé du faubourg Saint-Germain, et la duchesse, dont la réputation est aussi intacte que sa conduite est exemplaire, passe pour avoir quelque peu de pruderie. Aussi toutes les femmes bien posées dans le monde cherchent-elles à se faire inviter chez la duchesse d'Argentan.

—Ainsi, ma chère duchesse, lui disait madame de Valombray, vous voulez bien me permettre de vous présenter madame d'Arbelle. C'est entendu, et je vous l'amènerai à votre prochain jeudi.

— Vous m'en répondez au moins, ma chère, répondit la duchesse en riant.

— Comme de moi-même, ajouta sérieusement madame de Valombray.

— D'ailleurs, reprit la duchesse d'Argentan avec un air aimable et convaincu, une femme présentée par vous, ma chère belle, doit inspirer toute confiance et ne peut craindre aucun refus.

FIN DU TOME DEUXIÈME.

TABLE

DU TOME SECOND.

—

M. LEON GOZLAN.

M. PIERRE CLÉMENT.

M. EMILE SOUVESTRE.

M. E. DE BEAUMONT-VASSY.

www.ingramcontent.com/pod-product-compliance
Ingram Content Group UK Ltd.
Pitfield, Milton Keynes, MK11 3LW, UK
UKHW020723120726
13693UKWH00001B/135

9 782019 224059